महान नृत्य

मसीही दर्शन पर पुनर्विचार

© सी. बॅक्सटर क्रुगर, पी.एच.डी

प्रस्तावना – प्रोफेसर जेम्स एम. ह्युस्टन

किताब के कव्हर के बारे में

इस चित्र में उपयोग किए गए रंग ऑस्ट्रेलिया के ग्रामिण क्षेत्र से लिए गए है। जैसे मान्सून की बारीश जमीन को पानी से भर देती है, नदीयों के बांध टूटने पर होते है, सूखी जमीन पर पानी भरने लगता है, रूखी धूल एक गाढी लाल रंग के जीवनदायक कीचड़ में बदलती है, वैसे ही त्रिएक परमेश्वर द्वारा सांझा किया जीवन मानवता को समृध्द, सजीव तथा सत्यता में स्थापित करता है। जहाँ प्रभु का आत्मा है, वहां हम ' सूखे हड्डियों को नृत्य करते ' देख सकते है।

पेरीकोरिसिस शब्द पर एक विचार

भय और छिपने की हमारी मंशा को वास्तविक स्वीकृती दूर करती है, जानना तथा किसी के द्वारा जाना जाना स्वतंत्रता पैदा करती है। इस स्वतंत्रता में ऐसी संगती तथा साझेदारी उत्पन्न होती है जो इतनी ईमानदार, खुली तथा वास्तविक हो, कि जो व्यक्ती इसमें शामिल हैं वे एक दूसरे में रहतें हैं। व्यक्तिगत पहचान खोये बिना यह मिलन होता है। जब एक रोता है, तब दूसरा भी दु:ख अनुभव करता है। केवल पिता, पुत्र, पवित्र आत्मा के त्रिएक रिश्ते में इस तरह का व्यक्तीगत संबंध मौजूद है। प्रारंभिक कलीसिया ने इसका वर्णन करने के लिए " पेरीकोरिसिस " शब्द का इस्तेमाल किया है। खुशखबरी यह है कि यीशु मसीह ने हमें इस रिश्ते में शामिल किया है तथा यह जीवन और इसकी परिपूर्णता हम में से प्रत्येक में और सारी सृष्टी में खेला जाना है ।

बॅक्सटर क्रुगर या पेरीकोरिसिस पर अधिक जानकारी के लिए www.perichoresis.org पर जाए।

ISBN: 978-1-960761-08-8

© सी. बॅक्सटर क्रुगर 2023

प्रथम प्रकाशित 1994 पुनर्प्रकाशित 2023

लेखक के विषय में

डॉ. बॅक्सटर क्रुगर जो एक धर्मशास्त्री और लेखक हैं, वे पेरीकोरिसिस मिनीस्ट्रीस के संचालक हैं। उन्होंने एबरडीन विश्वविद्यालय, एबरडीन स्कॉटलैंड से प्रोफेसर जेम्स़ बी टॉरेंस के तहत धर्मशास्त्र में पी.एच.डी. हासिल की है। बॅक्सटर ने नौ किताबें लिखी है, जिसमें से तीन अंतरराष्ट्रीय स्तर पर प्रसिध्द है। उन्होंने कई निबंध तथा सैकडों व्याख्यान लिखे हैं। पिछले तीस वर्षों में उन्होंने दुनिया भर के कई जगहों पर व्याख्यान दिये हैं। उनकी पत्नी बेथ के साथ उनकी शादी को ३९ साल हो चुके हैं। उन्हें चार बच्चे और चार पोते-पोतियाँ हैं।

कव्हर डिज़ाइन: टॉम कैरोल, दक्षिण ऑस्ट्रेलिया
चित्रण : डियान सी. ब्रायन, जॅक्सन, मिसीसिपी
पुस्तक लेआउट : कॅरन थॉम्प्सन, पश्चिम ऑस्ट्रेलिया
अनुवाद : आशिष शिंदे, इंग्लैंड

3

बेथ के लिये,

जिनकी आँखों में मैंने हमेंशा

महान नृत्य देखा है

विषय-सूची

प्रस्तावना

कुछ कलीसियाएं इस वास्तविकता के प्रति जागृत हो रहे हैं कि लंबे समय से उनके सदस्य – साथ-साथ अगुए भी हो सकते हैं - जिन्होंने कभी भी परमेंश्वर के साथ व्यक्तिगत संबंध का अनुभव ही नहीं किया है। जहाँ परमेंश्वर को सिर्फ एक नाम के रुप में गौर करने के लिये देखा जाता रहा है, न कि एक प्रिय दोस्त के रुप में जिससे प्रेम किया जा सके। *महान नृत्य* इस मुद्दे को सीधे तौर पर उजागर करता है। परमेंश्वर कोई खेतों में लगा "पक्षियों को उड़ाने वाला पुतला" नहीं है। न ही उस कार्टुन 'स्क्रूज' की तरह है, जो स्वभाविक तौर पर क्रिसमस के पूरे जश्न को बिगाड़ देता है। बल्कि परमेंश्वर, बॅक्सटर क्रुगर के अनुपम आनंद से भरी प्रस्तुतिकरण में, "एक महान नृत्य का महान परमेंश्वर है।" डॉ. क्रुगर हमें मसीही जीवन का एक ऐसा दृष्टिकोण प्रदान करते हैं जो शक्तिशाली, आकर्षक, सत्कारशील, अभिन्न और इतना उचित और मानव हृदय की अंनत इच्छाओं के लिये व्यक्तिगत रुप में है।

जो बात इस पुस्तक को पाठक के लिए इतना रोमांचक और आशावादी बनाती है, वह है लेखक की स्वयं आत्मिक परिवर्तन की ठोस सच्चाई। क्योंकि धर्मशास्त्र के एक छात्र के रूप में लेखक का सामना व्यक्तिगत रूप से त्रिएक की मंशा के साथ हुआ था, एक परमेंश्वर जो असीम रूप से रिश्तों का, व्यक्तिगत तौर पर घनिष्ठ, और यीशु मसीह में भी पूरी तरह से मनुष्य है। त्रिएकत्व के सिद्धांत के बारे में कुलमिलाकर हम जो कुछ भी सिखते हैं, वह परमेंश्वर के वर्णन से बाहर अस्तित्व से अधिक हमारे अपने बारे में ज्यादा प्रकटीकरण देता है। इसलिए जब प्रबोधन के एक तत्वज्ञानी इम्मानुएल कान्त ने सोचा कि त्रिएकत्व का सिद्धांत समझ से बाहर और चर्च के जीवन के लिए वास्तव में अनावश्यक-सा है, तब उन्होंने एक धार्मिक विधान स्थापित किया जिससे हम आज भी पीड़ित हैं। यह ऐसा है जैसे परमेंश्वर सामान्य मानवीय मामलों के रडाऱ स्क्रीन से उपर है, या

एक युनानी दार्शनिक देवता की तरह है, जो आपके और मेंरे प्रति पूरी तरह से उदासीन है। और "त्रिएकत्व को कम" आंकने की धारणा को यह पुस्तक काफी दृढ़ता से अस्वीकार करती है। यहां आस्तिकवाद की रचनाए दिखाई देगी, यह परमेंश्वर के दिव्य अस्तित्व को नहीं नकारती पर मानवीय मामलो में परमेंश्वर के मौजूद होने पर यह बात नहीं करता।

तो यदि, त्रिएकत्व के धर्मशास्त्र का नवीनीकरण हमें दैनिक जीवन में परमेंश्वर की संगति के प्रति जागृत कर रहा है, इसके साथ साथ यह हमें खुद की "भावनात्मक बुद्धिमत्ता" विकसित करने की जरुरत के लिए भी जागृत करता रहा है। आनंद और दुख, हंसी और क्रोध, दोस्ती और अकेलापन, हमारे दैनिक जीवन की सच्चाई और भाव के रुप में रहे है। हालांकि, यदि हमें खुद के प्रति अपनी समझ को गहरा करना है, विश्वास और भरोसे को मजबुत करना है, जीवन के प्रति "समझ" को बढ़ाना है, और एक सार्थक अस्तित्व को विकसित करना है, तो हमें उनमें परमेंश्वर की भागीदारी को समझना होगा। जब हम अपनी *सभी* भावनाओं, अपने *सभी* सुखों और कष्टों में परमेंश्वर को देखने लगते हैं, तो हमारी पहचान "मसीह में" मजबूत और सुरक्षित होती है। क्योंकि हम जीवन के चक्र में पिता, पुत्र और आत्मा की अनंत भागीदारी की संगति में एकसाथ बांधे जाते है।

इस प्रकार बॅक्सटर क्रुगर "धर्मशास्त्र" को दोबारा पेश करते हैं, जिसे वे "मसीही दर्शन पर दोबारा गौर करना" कहते हैं। वैसे, हम वास्तव में सवाल कर सकते हैं कि क्या यह "धर्मशास्त्र" परंपरागत सोच अनुसार विद्यापिठ से संबंधित है; बल्कि यह मसीही विश्वासियों के लिए "जीवन का मार्ग" है। इसलिए घरेलू भाषा, सरल दृष्टांतों, व्यक्तिगत कहानियों और जीवंत उदाहरणओं का उपयोग करना उचित ठहराता है, ताकि पाठक को "जीवन के महान नृत्य" में शामिल और भागीदार होने का निमंत्रण दिया जा सके; जैसा यह ' अनुग्रह के त्रिएक परमेंश्वर ' में व्यक्त किया गया है। फिर भी इसमें पंडिताई, सखोल अध्ययन के लिये जगह है, और उससे अधिक पिता, पुत्र और पवित्र आत्मा के रूप में परमेंश्वर के संबंधपरक चरित्र की गहराई से अनुभव करने का मौका। हममें से उन लोगों के लिए जो मसीहियत में ' रिश्तो की क्रांती ' की उम्मीद कर रहे हैं, उनके लिये

यह पुस्तक पढ़ना आनंद से भरा, जीने की चुनौती, और मानवीय स्थिति की गड़बड़ीयों द्वारा एक स्पष्ट दिशा है। यह मसीह की प्रतिज्ञा की सच्चाई पर मोहर लगाता है: "मैं इसलिए आया हूँ कि तुम जीवन पाओ, और बहुतायत से पाओ।"

जेम्स एम ह्यूस्टन
आध्यात्मिक धर्मशास्त्र के प्रोफेसर
रीजेंट कॉलेज, वैंकूवर

भूमिका

जहाँ तक मुझे याद है, दो चीजें जिन्हें मैं जानता हूँ। पहला यह है कि इस वृतांत से होकर एक अदृश्य नदी गुजरती है जिसे हम "जीवन" कहते हैं। जो महिमा और अपार परिपूर्णता, जोश, भलाई, सुंदरता और आनंद की नदी है। जैसा कि मैं वर्षों से इसके बारे में मनन करता आया हूँ, मैंने इस नदी को एक नृत्य या एक महान नृत्य के रूप में अधिक महसूस किया है, जिसमें किसी तरह हमें भागीदार बनाया जाता है जो हमारे जीवन और सभी चीजों को भर देता है, और इसके साथ ही, लगातार विकृत होता जाता है। दूसरी बात जो मैंने हमेंशा से जानी वह है कि यह महान नृत्य परमेंश्वर से संबंधित है। (लेकिन मेंरे जीवन के लिये) मैं कभी नहीं समझ सका कि यह कैसे हो सकता है? 'परमेंश्वर' मेंरे लिए, दूर स्वर्ग में कहीं ऊपर एक निराकार, कठोर और सर्वव्यापी था, या इससे भी बदतर, वह एक नियमवादी था जो केवल अपने नियमों की परवाह करता है। इसलिये मेंरे जीवन का मुख्य प्रश्न परमेंश्वर और महान नृत्य के बीच संबंध को लेकर एक ही रहा है। वे एक दूसरे से कैसे संबंधित हैं? परमेंश्वर और महान नृत्य और हमारी मानवता के बीच क्या संबंध है? अंत में, यह मानव जीवन का परमेंश्वर के जीवन में मिलन के रहस्य पर एक प्रश्न है।

यह पुस्तक एक प्रकार की रिपोर्ट है जिसकी मैंने खोज की, और फिर दोबारा खोज की। अपनी यात्रा के दौरान, मैंने मसीहियत के केंद्रीय सत्य - त्रिएक और देहधारण पर दोबारा गौर किया और परमेंश्वर के सूरत और हृदय की दोबारा खोज की। यह महान नृत्य पिता, पुत्र और आत्मा द्वारा साझा किए गए बहुतायत के *जीवन* - संगति और एकता, प्रेम और जुनून और आनंद के बारे में है जिसे पिता, पुत्र और पवित्र आत्मा बाटते हैं। देहधारण द्वारा हमारे साथ अपने महान नृत्य को साझा करने के लिए इस परमेंश्वर ने हम तक पहुँचने का एक चौंका देने वाला कार्य किया। हमारी मानवता वह रंगमंच है जिसके द्वारा हमारे जीवन में महान नृत्य किया जाता है, और मानव इतिहास वह दर्दनाक अनुभव है जिसके द्वारा हमें अपनी पहचान की सच्चाई के रूप में प्रशिक्षित किया जाता है।

इस पुस्तक के पहले चार अध्याय मूल रूप से ऑस्ट्रेलिया के एडिलेड में कोरोमंडल वैली यूनाइटिंग चर्च में पेरीकोरिसिस के दूसरे वार्षिक सम्मेंलन में उपदेश के रूप में पेश किये गए थे। मैंने चित्र पूरा करने के लिए पाँचवाँ अध्याय जोड़ा है। जिम और लिंडा चाउसिस, और ब्रूस और सारा वॉखप का एडिलेड में हृदय से मेंरी खातिरदारी के लिए, और उनके साथ आनंदमयी और घंटों तक आकर्षक बातचीत के लिए मैं बहुत आभारी हूँ। पर इससे भी अधिक, मैं उनकी आंखों में मौजूद प्रकाश और उनके दिलों में भूख के लिए, और बाँटने और सीखने की उनकी उत्सुकता के लिए आभारी हूँ। इस पुस्तक का छोटा सा हिस्सा भी जिम और ब्रुस के एहसान के सामने कुछ भी नहीं है। मुझे "कोरो" चर्च के पास्टर डीन मेंथरिंघम का भी खासकर उनके उदार हृदय के लिए आभार व्यक्त करना चाहिए। जिन्होंने पेरिकोरिसिस के सम्मेंलनों के लिये एक जगह दी।पर इसे इस तरह कहना लगभग एक अपमान है, डीन वह व्यक्ति हैं जो सत्य और तालमेंल के लिए जोशीले रहते हैं। उन्होंने बड़ी उत्सुकता के साथ अपना हृदय और सुविधा हमें उपलब्ध किये, और हमारे सम्मेंलनों की अपने जुनून के साथ शुरुआत की। धन्यवाद, डीन, आप जैसे हो वैसे होने के लिये।

पिछले पांच वर्षों से मैं जैक्सन, मिसिसिपी में पेरीकोरिसिस का निर्देशक हूँ। हमारा मिशन एक ताजा, स्पष्ट और जीवंत मसीही धर्मशास्त्र की खोज करना है जो त्रिएकता और देहधारण के बुनियादी सिद्धांतों के प्रति वफादार और सामान्य व्यक्ति के लिए सबसे वास्तविक, व्यावहारिक और सुलभ हो। मैं उन पुरुषों और महिलाओं के लिए अपनी प्रशंसा व्यक्त करना चाहता हूँ जिन्होंने हमारी सेवकाई में संगति की रचना की। उनके और उनकी संगति और प्रोत्साहन और वचनबद्धता के बिना, यह पुस्तक जो भी है कभी लिखी नहीं जातीं। यह हम सभी के लिए एक गौरवशाली प्रभाव रहा है। उपहार स्वरुप समय के लिए और आपके हृदय से आनेवाली बुलाहट पर बने रहने के लिये धन्यवाद।

कोई भी व्यक्ति एक टापु नहीं होता, और निश्चित रूप से किसी के भी पास मूल विचार नहीं होते, क्योंकि सभी विचार-यहाँ तक कि परमेंश्वर के भी – संगति में उदय होते हैं और दूसरों के मेंल-मिलाप के लिए अपने अस्तित्व का श्रेय देते

हैं। यह पुस्तक वर्षों से मेंरे मन में रचनात्मक होती आ रही है, और हर विचार का जन्म मेंरे द्वारा डेविड अपशॉ के साथ की गयी लंबी और अद्भुत बात-चीत के दौरान हुआ। मैं डेविड और डेविड के साथ कैरी स्टॉकेट, मार्क सिम्पसन, डैन विल्स और क्ले अलेक्जेंडर के लिए अपने शब्दों से ज्यादा उनका एहसानमंद हूँ, जो हमारे गुरुवार के चर्चा समूह के भाग हैं। अंतर्दृष्टि, हँसी-मजाक और स्वतंत्र संगति, सत्य के लिए जोश, और कम से कम इन लोगों के सोचने के साहस ने मुझे प्रेरित किया और सर्वोत्तम की मांग की।

एक संपादक का होना एक विशेष उपहार होता है जो आपके हृदय को समझता है और आपकी बात बताने में अनुग्रह और शैली और स्पष्टता के साथ आपकी मदद करता है। इस पुस्तक में जो कुछ भी उत्तम है, पढ़ने की योग्यता और सरलता, इसकी गति और कविता, सबकुछ पैटी कॉज़ी के ध्यान देने के कारण है। धन्यवाद, पैटी, आपके समय और हृदय के लिए, जिस तरह आप देखभाल करते हैं, और धिरज और नम्रता से मुझे खामियां बताने के लिए।

यदि आप एक पुरुष हैं, किपलिंग के शब्दों में, जब आस-पास के लोग आपा खो रहे होते हैं, तब एक पत्नी होती हो जिसकी उपस्थिति बड़े तुफानों में उसकी बाहों में शांत हवा और उसके हृदय के आनंद के रुप में आश्वासन देती है, बेथ के लिये जो 18 वर्षों से मेंरी पत्नी है, यह पुस्तक उसके पुर्ण सम्मान और आभार में समर्पित है।

सी. बॅक्सटर क्रुगर
ईस्टर, 2000

1

परदा फटना

त्रिएक और सृष्टी का तर्कशास्त्र...

इन तीन-व्यक्तित्व जीवन का पूरा नृत्य, या अभिनय, या नमुने का हम
में से प्रत्येक के जीवन में कार्यशील होना ज़रूरी है।
— सी. एस. लुईस [1]

पि छली शताब्दी का एक महान पल तब गुजरा जब सीएस लुईस नाम का एक युवा लड़का आयरलैंड में अपने घर के बाहर एक फूलों से भरी झाड़ी के पास खड़ा था।[2] जब वह वहाँ खड़ा था, लुईस हमें बताते हैं, उसका दिमाग कुछ साल पहले की एक सुबह के बारे में सोचने लगा जब उनके भाई वारेन ने उन्हें अपने खिलौनों का बगीचा दिखाया था। वारेन का खेल का बगीचा पत्तों और लकडियों और काई से भरे बिस्किट के डिब्बे से ज्यादा कुछ नहीं था, वहां कुछ भी खास नहीं था। और उस झाड़ी के पास खड़े होकर उसे याद करना कुछ भी असाधारण बात नहीं थी। पर किसी तरह, इस कश्मकश के दौरान, कुछ सनसनीखेज प्रकार का अनुभव था, एक मुठभेड़ की तरह, जिसने उसे हैरानी में डाल दिया। असाधारण घटना घटी। एक अहसास उसके हृदय से गुजरा जिसे लुईस ने कभी नहीं समझा था।

जो एक बचपन के खेल के एक साधारण पल की याद से, लुईस का सामना

---

1   सी.एस. लुईस, मेरे क्रिश्चियनिटी (न्यूयॉर्क: कोलियर बुक्स, मैकमिलन पब्लिशिंग कंपनी, 1960) पेज 153
2   उनकी आत्मकथा देखें, सरप्राइज़्ड बाई जॉय (न्यूयॉर्क: हार्कोर्ट ब्रेस एंड कंपनी), पेज 16

कुछ ऐसी बात से हुआ जो जीवन से भी विशाल था, कुछ ऐसा जो उससे इतना महान और खुबसुरत था जो उसने कभी सोचा या समझा भी नहीं था। यह उसकी सोच से बाहर था कि यह सब क्या था, या यह कहाँ से आया, या क्यों हुआ, पर वह यह जानता था कि यह सबसे उत्तम है। और वह जानता था कि जो कुछ भी था, वह उसे भरपूर पीना चाहता था।

अपने जीवन के शुरुआती महत्वपूर्ण क्षणों में, लुईस के कुछ ऐसे ही अनुभव थे। जो हमेंशा प्रभावशाली रहे, पर वे कुछ ही पलों के होते थे और जो हमेंशा उसकी अंतरआत्मा को एक असहनीय लालसा से भर देते थे। लुईस को ऐसी चीजों से लुभाया जा रहा था जिसे वह आगे चलकर "आनंद" का नाम दे। जिसने उसे परेशान कर दिया था, और सुलेमान की तरह, उसने इसे खोजने के लिए अपनी पूरी दुनिया छान डाली। जैसे-जैसे साल बीतते गए, आनंद की उसकी तलाश ही उसकी एकमात्र खोज का मुद्दा बन गयी। अपनी खोज में, लुईस अंत में परमेंश्वर के परिचय में आया और यह जानकर हैरान रह गया कि आनंद और परमेंश्वर एक दूसरे से संबंधित हैं। उनका कहना है कि उन्हें एक संकेत के रुप में कभी इतनी जानकारी नहीं मिली थी कि परमेंश्वर और आनंद के बीच एक संबंध था।[3] ऐसा उन्होंने पहले कभी सोचा नहीं था।

लुईस के लिए "आनंद" की तुलना "खुशी" के साथ नहीं की जानी चाहिए। दोनों के बीच का अंतर एक महान फ्रांसीसी रेस्तरां में छप्पन भोग भोजन और चॉकलेट के एक टुकड़े के समान है। पर यह कहने के बाद, एक महाभोज की खुशी लंबे समय तक नहीं रहती, और "आनंद" खुशी और उसकी अनंत उपस्थिति दोनों के बारे में है - और शायद इससे भी अधिक महत्वपूर्ण यह है कि "आनंद" उस खुशी और अनंत उपस्थिति के बारे में है जो हमारे जीवन और सभी चीजों को भर देता है। लुईस एक या दो पल की किसी अच्छी भावना का पीछा नहीं कर रहे थे। वह सुंदरता और महिमा और आनंद से भरे बपतिस्मा का पीछा कर रहे थे, एक ऐसा बपतिस्मा जो उसकी मानवता के हर कण-कण में बहने लगेगा।

लुईस के बारे में जो चीज़ मुझे आकर्षित करती है, वह यह है कि आनंद

3 सरप्राइज्ड बाई जॉय, पेज 230 देखें

और परमेंश्वर साथ साथ चलते हैं। लुईस का पालन- पोषण पाश्चिमात्य मसीही परिवार, आयरलैंड और इंग्लैंड में हुआ। वे तब तक चर्च में पलते बड़ते रहे, जब तक कि वे अपने निर्णय लेने योग्य नहीं हुए। यह कैसे हो सकता है कि उनके दिमाग में यह बात कभी नहीं आई कि "आनंद" का संबंध परमेंश्वर से हो सकता है? पश्चिमी दुनिया को परमेंश्वर के बारे में ऐसा क्या बताया गया है कि एक व्यक्ति अपनी मसीही परंपरा में इतना डूबा हुआ है, इतनी बुद्धि और पढ़ने की व्यापकता वाला व्यक्ति, उस दुनिया का सबसे उत्तम पढ़ा-लिखा व्यक्ति, यह जानकर आश्चर्यचकित हो सकता है कि *जीवन* के प्रति उसकी खोज का उत्तर परमेंश्वर में है?

पश्चिमी दुनिया ने मार्टिन लूथर और धार्मिक क्रान्ति के दिनों से एक लंबा सफर तय किया है। लूथर के साथ हमारे पास एक ऐसा व्यक्ति है जो पूरी तरह से अपराधबोध और भय से ग्रसित है, एक ऐसा व्यक्ति जो इस हद तक क्षमा की खोज में है – कि एक दयालु परमेंश्वर की तलाश में हाथों और घुटनों के बल रेंगता है। लुईस में, हमारे पास *जीवन* की खोज करने वाला एक व्यक्ति है, ना कि क्षमा की खोज। बेशक, दोनों में एक संबंध हैं, पर वे दोनों अलग हैं। और क्षमा की खोज और जीवन की संपूर्णता में खोज के बीच 1500 से 2000 ईस्वी का अंतर है। पर यह सिर्फ एक ही अंतर है। लूथर जानता था कि जवाब परमेंश्वर में है। जो तथ्य कभी लुईस के दिमाग से गुजरा भी नहीं!

लुईस को यह पता चलने पर सदमा लगा कि जिस *जीवन* की उन्होंने खोज की थी वह परमेंश्वर से संबंधित था, वह हमें बहुत कुछ बताता है - लुईस या परमेंश्वर के बारे में नहीं, बल्कि उस *तरीके* के बारे में जिस तरह से पश्चिमी दुनिया में परमेंश्वर को माना जाता है। लुईस की खोज, और उनका आश्चर्य, हमें पश्चिमी दुनिया की आधुनिक आत्मा के भीतर झांकने का एक झरोखा है। क्योंकि लुईस हमारे लिए कोई अजनबी नहीं है। उनकी यात्रा अनजान नहीं है। आनंद की वही लालसा जो उन्हें सताती थी, हमें भी सताती है। और जिस परदे ने उसे अंधा किया, वही हमें भी अंधा कर देता है।

लुईस का आश्चर्यचकित होना हमें बता रहा है कि कुछ तो बहुत ही गलत

हुआ है, कि परमेंश्वर के बारे में हमारी सोच में एक बुनियादी गड़बड़ी हुई है। रास्ते में कहीं न कहीं हम " परमेंश्वर को लेकर" गंभीर रूप से भ्रमित हो चुके हैं, और उस भ्रम ने हमें एक बहुत ही अजीब स्थिति में छोड़ दिया है। हम जीवन में परिपूर्णता, अर्थ और आनंद के प्रति सुनिश्चित होने की तलाश में हैं, और हम लूथर और लुईस के समान ही जुनून से प्रेरित हैं, पर हम गलत दरवाजे पर दस्तक दे रहे हैं। परमेंश्वर के बिना हम अपना संकल्प और इस प्रकार वह जीवन जिसकी हम तलाश में हैं कभी नहीं पा सकेंगे। पर जिस तरह से उसे पश्चिमी दुनिया में चित्रित किया गया है, वह हमें यह संदेह करने से भी रोकता है कि हमारे दिलों के जुनून का जवाब *परमेंश्वर* हो सकता है। जीवन की खोज हमें प्रेरित करती है, पर हमें जैसे कभी भी उत्तर न पाने के दुर्भाग्य से ग्रसित किया गया हैं, और यही बात हमें चिंता और हानी की एक भयानक भावना के साथ जीने के लिये मजबुर करती है और हम उदासी और हताशा से भरा एक उबाऊ जीवन जीने के लिये मजबुर हैं। आरंभिक लुईस की तरह, हमने यह मान लिया कि "परमेंश्वर की बातों" का संबंध हमारे जीवन की लालसा से नहीं है। आखिर "धर्म" का *जीवन* से क्या लेना-देना है?

यह पुस्तक जीवन के प्रति मेंरी अपनी खोज और मेंरी यात्रा और भ्रम से निकलकर दोबारा सच्चे परमेंश्वर की ओर बढ़ती है, मेंरे विचारों में एक युद्ध सा चलता है कि हमारी सोच को क्या हो गया है और हम कैसे भटक गए है। मेंरा उद्देश्य यहाँ तर्क-वितर्क नहीं है। मेंरा उद्देश्य परदे को चीरना है ताकि हम परमेंश्वर की सुंदरता को देख सकें, और उस प्रकाश में यह देख सकें कि परमेंश्वर की हमारे लिये क्या योजना है जिसे उसने यीशु मसीह में पूरा किया है। यह सबकुछ इसी आशा में है कि हम अपने आप को एक आश्चर्यजनक प्रकाश में देख सकें, अपनी वास्तविक पहचान की खोज कर सकें – कि हम वास्तव में कौन हैं - और यह समझ पायें कि हमारे जीवन में क्या हो रहा है और आनंद की दिशा में आगे कैसे बढ़ना है।

मेंरे जीवन की पहेली

लुईस की तरह मेंरे पास "आनंद" का एक शक्तिशाली प्रकाशन नहीं था। जहाँ तक मुझे याद है, मेंरे बचपन में किसी विशेष मुठभेड़ या अंतर्दृष्टि के रुप में असामान्य क्षण नहीं थे। मेंरे लिए बस एक स्थायी और निर्विवाद जागरूकता थी कि मानव जीवन के चित्रिकरण द्वारा कुछ विशाल, गहरे, प्राचीन और सुंदर पल गुजर रहे थे। मेंरे लिए मानव जाती को जो दिया गया वह किसी शानदार चीज़ का हिस्सा है, कि हमारे जीवन में एक प्रकार की अदृश्य नदी बह रही है, जिसमें हम एक महान नृत्य का हिस्सा हैं। मुझे नहीं पता कि मुझे यह ज्ञान कैसे मिला। वह हमेंशा बस *वहीं* था। ऐसा कभी नहीं हुआ कि मैं इस पर सवाल करुँ। यदि ऐसा करता तो मेंरे लिए ऐसे किसी चीज़ का उल्लंघन करने जैसा होता जो मेंरे अपने अस्तित्व की तुलना से बढ़कर है !

यह भी तय था कि यह नदी चाहे जो भी हो, मेंरे दिल का जुनून इसके वास्तविक नृत्य में पूरा होना था। इस ग्रह पर एक ऐसे व्यक्ति की कल्पना करना कठिन है जो इस बात को न चाहता हो। किसी न किसी तरह से, क्या हम सभी इस महान नृत्य की खोज नहीं कर रहे? क्या यह हमारे जीवन की कहानी नहीं, जो हमारी गहरी लालसा के रुप में है? मेंरे विचार से, मानव हृदय का मुख्य्य जुनून महान नृत्य से भरपूर होना है, इस महान मुख्य्य और मर्मस्पर्शी पहेली की यह समझ होनी चाहिये कि नृत्य क्या है और इसमें कैसे बने रहना है।

मेंरी यात्रा के समीकरण का दूसरा हिस्सा यह है कि मैं चर्च में पला-बढ़ा हूँ – और जब मैं कहता हूँ “चर्च में” तो यह काफी हद तक सच है। जब भी चर्च के दरवाजे खुले नजर आते, मेंरा परिवार वहाँ होता, हम हमेंशा वहाँ नजर आते- रविवार की सुबह, रविवार की रात, युवा समुह, बुधवार रात की प्रार्थना सभा में। यहाँ तक कि हम हमारी छुट्टीयों में भी चर्च जाते। मुझे लगता है कि मैं उम्र के 13 वर्षों तक पूरी तरह से संडे स्कुल में उपस्थित रहा हूँ, और इस लिए मुझे एक ट्रॉफी भी मिली। सच कहूँ तो, मुझे उन सभी चर्च सभाओं से एतराज नहीं था। ज्यादातर युवा लोगों को चर्च एक बोरिंग विषय लगता है, पर मेंरे लिये,

हालांकि प्रचार निश्चित रूप से बन्जर नज़र आते थे, वहीं संडे स्कूल की कक्षाएं प्रेरणादायक होती थीं, विशेष रूप से 'गाय मैगी' नामक शिक्षक की कक्षा, जो हमेंशा इतिहास से भरपूर होती थीं। और उपदेश भी लगभग हमेंशा आकर्षक होते थे। कम शब्दों में कहूँ तो मेंरी युवावस्था में प्रेस्बिटेरियन चर्च ने मुझे एक निश्चित और स्थायी उपहार दिया, जिसके लिए मैं हमेंशा उनका आभारी रहूँगा। इसने मुझे सिखाया कि मैं जो चाहता था उसका सीधा संबंध परमेंश्वर से था। यह तथ्य "मौलिक शिक्षा" छोटा भाग के पहले प्रश्न और उत्तर में खूबसूरती से संजोया गया है कि: "मनुष्य का मुख्य लक्ष्य क्या है? मनुष्य का मुख्य लक्ष्य है परमेंश्वर की महिमा करना, और सदा उसका आनन्द लेना।"[4] इसलिए, लुईस के विपरीत, मैं जानता था कि जिसकी मैं खोज में था वह परमेंश्वर से संबंधित है। मैं जीवन में बहती अदृश्य नदी के बारे में जानता था जो एक महान नृत्य और एक दिव्य वास्तविकता थी। मेंरी समस्या यह थी कि मैं कभी कड़ीयों को जोड़ नहीं पाया। मैं कभी उनके बीच के संबंधों को देख नहीं पाया।

जबकि चर्च ने मुझे एक मुख्य शुरुआत दी, पर एक ऐसी समस्या भी पैदा की जिससे पहेली जटिल बन गयी। समस्या चर्च या लोग न थे, पर जिस तरह से धर्मशास्त्र सौंपा गया, और खासकर परमेंश्वर के प्रति उसमें दर्शाये बुनियादी लक्ष्य समस्या थे। यहाँ परमेंश्वर की परिभाषा को बड़ी कैटेसिस्म "मौलिक शिक्षा" के बड़े भाग में निर्धारित किया गया है –

> प्रश्न 7 – परमेंश्वर क्या है?
>
> उत्तर – परमेंश्वर एक आत्मा है, और अपने आप में असीम, महिमा, आशीष और परीपूर्ण; पूरी तरह योग्य, अनंत, अपरिवर्तनीय, समझ से बाहर, हर जगह मौजूद, सर्वशक्तिमान; जिससे कुछ भी छिपा नहीं, सबसे बुद्धिमान, सबसे पवित्र, सबसे न्यायी, सबसे दयालु और अनुग्रहकारी, सहनशील, और भलाई और सच्चाई से भरपूर है।[5]

---

4 भाग 1: कबूली की किताब (लुसिविलने : ऑफिस ऑफ जनरल असेम्ली, 1991)

5 प्रेस्बिटेरियन चर्च (यू.एस.ए.) के संविधान में "द लार्जर कैटेचिस्म": भाग 1: कन्फेशंस की पुस्तक (लुईसविले: द ऑफिस ऑफ द जनरल असेंबली, 1991), 7.117

यह वह परमेंश्वर है, जो गंभीर रूप से निराकार है, जिसने मुझे दुविधा में डाला। एक तरफ मैं नदी, आनंद, महान नृत्य के बारे में जानता था तो दूसरी तरफ, मैं जानता था कि यह परमेंश्वर से संबंधित है। पर हैरान करने वाला सवाल यह था कि ऐसा कैसे हो सकता है? यह अमूर्त दिव्यता, यह अनंत, दूर, कठोर, सार्वभौमिक व्यक्तित्व किसी भी तरह से महान नृत्य से संबंधित कैसे हो सकता है? यह परमेंश्वर निश्चित रूप से सबकुछ नियंत्रित रखता था, बिल्कुल, सृष्टी के अंतिम छोर तक, पर इस परमेंश्वर का कोई चेहरा नहीं था, कोई वास्तविक व्यक्तित्व नहीं था, कोई *जीवन* नहीं था। 'परमेंश्वर की महिमा करना' किसी भी चीज़ के 'आनंद' से कैसे संबंधित हो सकता है? यह जवानी के दौर में मेंरे जीवन की पहेली बन गया था।

दो अन्य तथ्यों ने पहेली को और गहरा कर दिया। सबसे पहला था रविवार की सुबह की आराधना का स्वरूप। मैंने हमेंशा यह मान लिया था कि चर्च की दहलीज किसी परिवर्तन करने वाली रहस्यमय शक्ति द्वारा संचालित की जाती है, जहाँ से प्रत्येक गुजरने वाला निश्चित ही बदल जाता है। हमारे व्यक्तित्व बदल गए थे। बाहर मुस्कान और हँसी और मानवता दिखाई देती थी। चर्च के अंदर प्रवेश करते, हम धार्मिकता का मुखौटा धारण कर लेते। जो यहाँ तक कि एक छोटे बालक में भी नजर आता था। वह दहलीज हम में से सबसे शरारती को भी चुप करा सकती है और, मुझे लगता है, यहाँ तक कि "मुस्कुराहट को भी कब्जे में कर सकती है।"

दूसरी उलझन रुढीवादी वर्ग से आयी। मुझे लगता था कि इस प्रकार के लोग हम सभी लोगों की तुलना में स्वाभाविक रूप से परमेंश्वर के काफी करीब रहते हैं। और वे निश्चित रूप से ऐसे ही नजर आते थे। जहाँ तक मैं कह सकता हूँ, वे अच्छे लोग थे, और सम्माननीय थे, पर वे एक खंभे जितना ही दिलचस्प नजर आते थे। रुढीवाद धार्मिक मुझे पढ़ाकू तरीके के लोगो जैसे जान पड़े, वे काफी हद तक धर्म की बातों में उलझे थे क्योंकि वे कुछ और कर ही नहीं सकते थे। और दहलीज की सामर्थ स्पष्ट रूप से उनके साथ थी। सिर्फ उनकी उपस्थिति ही लोगों को बदल सकती है। उनकी उपस्थिति हंसी-ठहाकों को बंद कर

सकती है और बेहतरीन पार्टियों का दम घोंट सकती है। जितने भी रुढीवाद धार्मिक प्रकार थे, मैं उनके बारे में बिल्कुल स्पष्ट जानता था कि उनके पास उस अदृश्य नदी के बारे में ज्यादा जानकारी नहीं थी। वे निश्चित रूप से बाइबिल के बारे में बहुत कुछ जानते थे, और वे परमेंश्वर के बारे में ज्यादातर बातें करते रहते थे, पर वे महान नृत्य और उसमें जीवन बिताने के बारे में ज्यादा नहीं जानते थे।

मेंरी जवानी का परमेंश्वर सर्वोच्च था, जो सर्व-शक्तिमान व्यक्ति था जिसका कोई चेहरा और व्यक्तित्व नहीं था। साप्ताहिक नियमों के जैसे ही हम सभी अपने व्यक्तित्व को दरवाजे पर छोड़कर उसकी आराधना करने के लिए प्रवेश करते थे वह दहलीज परमेंश्वर के बारे में इस बुनियादी समझ पर मोहर लगाती थी। रुढीवाद धार्मिक प्रकार के लोग इस बात पर मोहर लगाते थे कि परमेंश्वर और सामान्य जीवन और सभी मानवी चीजों के बीच एक दूरी है, साथ ही इस संदेह पर भी मोहर लगाते थे कि परमेंश्वर जब पृथ्वी के जीवन को नजर उठाकर देखे तो वह सिर्फ, नियमों, व्यवस्थाओं और सिद्धता से संबंधित ही होगा। तो मेंरे लिए बड़ी पहेली यह थी कि इस परमेंश्वर को जीवन के महान नृत्य से कैसे जोड़ा जा सकता है।

लुईस की तरह, मैं भी परमेंश्वर और आनंद, परमेंश्वर और खुबसुरती, परमेंश्वर और जीवन को कभी जोड़ नहीं पाया। मेंरे लिए किसी भी चीज़ का आनंद लेने और परमेंश्वर की महिमा करने के बारे में बात करने में कोई मतलब ही नहीं था। पर मुझे पता था कि किसी तरह ऐसा होना ही था, हालांकि मैं इसे नहीं देख पा रहा था। मैं कड़ीयों को जोड़ नहीं पा रहा था। मैं बस यही सोच सकता था, "यदि आप अपना जीवन परमेंश्वर में समर्पित करते हैं, तो आप अंत में महिमा और नृत्य दोनों को एक साथ खो देंगे।" मेंरा बस एक ही नजरीया था कि जीवन का आनंद, जीने का जुनून, रोमांच, और जीवन को अच्छा बनाने वाली हर चीज एक तरफ थी, और यह "परमेंश्वर नाम की चीज" दूसरी तरफ। जहाँ तक मैं बता सकता था, दोनों में से कोई एक है। परमेंश्वर या जीवन, परमेंश्वर या आनंद, परमेंश्वर या नृत्य हो सकता है। उन्हें एक साथ रखना मेंरे लिए बिल्कुल मायने नहीं रखता था। वे क्षितिज के दो विपरीत छोर थे।

मेंरे अंदर एक बहुत बड़ा तनाव था। मैं जीवन के महान नृत्य को खोजने में कोई कसर नहीं छोड़ने वाला था। जो बहुत कीमती, बहुत अच्छा, बहुत वास्तविक था। न ही मैं इस विचार को छोड़ सकता था कि यह किसी तरह परमेंश्वर से संबंधित है। इस सोच ने मुझे कभी धर्मशास्त्री बनने के प्रति भयभीत कर दिया था। मैं अपना जीवन बेसबॉल, हँसी-मजाक और मछली पकाने को छोड़कर धार्मिक नियमावली पढ़ने में नहीं बिताना चाहता था। सिर्फ एक प्रचारक बनना बदतर होगा। पर मैं जानता था कि इसका जवाब परमेंश्वर में है। इसलिए मैं यह सोचकर शिक्षा पाने चला गया कि अंत में मैं इसे पूरा कर लूंगा। मैं इसलिए नहीं गया क्योंकि मेंरा बुलावा प्रचार करना था। मैं इसका कोई हिस्सा बनना नहीं चाहता था, और फिर भी मैं दीवार से सर टकराने जा रहा था। मैं इसलिए गया क्योंकि मेंरे भीतर एक हलचल थी और मैं समाधान खोजने के प्रति प्रेरित था। और मुझे प्रशिक्षण में पहेली के कुछ बेहतरीन भाग मिले, पर जवाब नहीं। वह कड़ी अभी भी मुझसे दूर थी। मुझे अभी भी ऐसा लग रहा था कि यदि आप "परमेंश्वर की बात" करते हैं, तो आप जीवन, नदी और महान नृत्य से हार मान लेते हैं।

अगली बात जो मैं जानता था, मैं और मेंरी पत्नी स्कॉटलैंड में थे, ठंड से ठिठुर रहे थे, और मैं एबरडिन के किंग्स कॉलेज में प्रोफेसर जेम्स टॉरेंस के अधीन धर्मशास्त्र का अध्ययन कर रहा था। उनके उपदेशों में मेंरी सोच से भी कहीं ज्यादा अधिक प्रकाश था। अपने सभी उपदेशों में वे पिता-पुत्र के रिश्ते पर दोबारा लौटते रहते थे। "नए नियम के मुख्य विषय" के बारे में वे कहते कि यह "पिता और पुत्र के बीच एक रिश्ता है।"[6] बार-बार वह यही बात दोहराते और उनका विस्तार करते, जिससे हमें यह देखने में मदद मिलती कि सब कुछ इस मुख्य रिश्ते से निकलता है। यह जेम्स के बड़े भाई प्रोफेसर टी. एफ. टॉरेंस के शक्तिशाली लेखन में गूंज रहा था, जिसका मैं प्रतिदिन अध्ययन कर रहा था।

कड़ियों को जोड़ना

टॉरेंस भाइयों, अथनेसियस और अन्य के लेखनों के तहत, परमेंश्वर के प्रति मेंरी बुनियादी धारणा परिवर्तित होती जा रही थी। यह निराकार से बदलकर

6 जेम्स बी. टोरेन्स की, वरशीप, कमीन्युटी एन्ड द ट्रीयुन गौड ऑफ ग्रेस देखें (Downers Grove: IVP, 1996).

ठोस, कठोरता से व्यक्तिगत की ओर बढ़ता जा रहा था। और उस ज्ञान से भरे परिवर्तन के बीच, मेंरे मन में परमेंश्वर के बारे में सच्चाई प्रकट करने के लिए कुछ तो बहुत ही शक्तिशाली घटना घटी। यह घटना 16 अगस्त, 1987, दोपहर 1:07 बजे, रविवार की दोपहर, एबरडीन मैटरनिटी हॉस्पिटल, एबरडीन, स्कॉटलैंड में घटी। जो तब तक का मेंरे जीवन का सबसे महान क्षण था, जब हमारे पहले बेटे, जेम्स एडवर्ड बॅक्सटर क्रुगर का जन्म हुआ। जो काफी लंबी प्रसव पीढ़ा थी (कम से कम 30 घंटे की), पर अब बेथ और मैंने अपने बच्चे को बाहों में थामा था और हम इस सब की खुशी में एक साथ रो रहे थे। मैंने कभी ऐसा कुछ अनुभव नहीं किया था। अंत में नर्सों ने मुझे वहाँ से हटाया और बाहर भगा दिया ताकि बेथ आराम कर सके। मैं एबरडीन से बैंचोरी तक स्कॉटिश पहाड़ियों से होते हुए वापस घर चला गया।

मुझे याद है कि वह एक विषेश रूप से सुंदर दिन था, न आकाश में बादल, न बारिश, न अंधेरा, सफेद धूप के अलावा और कुछ नहीं लगभग गर्म दिन था। मुझे याद है कि मैं एक मोड़ से गुज़रते हुये पहाड़ियों और धूप को देख रहा था, और एक सेकंड के लिए कसम से जैसे पूरी पृथ्वी रुक गई और मेंरे साथ आनंद मनाने लगी। कसम से, पहाड़ों ने गाया जैसा कि बाइबिल में है, पेड़ों ने खुशी से ताली बजाई। मैंने इस सब की सुंदरता, महिमा और आनंद और जीवन का महान नृत्य देखा, जैसा मैंने पहले कभी नहीं देखा था। मैंने इसका अनुभव किया, इसका स्वाद चखा और इसमें बपतिस्मा लिया।

और उससे भी ज्यादा, उस पल में, मुझे अचानक अपने जीवन की समस्या का एहसास हुआ। मैं हमेंशा परमेंश्वर के बारे में गलत तरीके से सोच रहा था। पूरे समय मैंने परमेंश्वर के अस्तित्व को ही गलत समझा था। मैं एक अंधा मूर्ख था। परमेंश्वर कोई बिना चेहरे का, सर्वशक्तिमान काल्पनिक नहीं है। परमेंश्वर पिता, पुत्र और आत्मा है, जो एक भावनात्मक और आनंद से भरी संगति में रहते है। त्रिएक स्वर्ग में किसी कमरे के आसपास बैठे तीन रूढ़िवादी धर्म के लोग नहीं हैं। त्रिएक सांझे जीवन का एक चक्र है, और यह भागीदारी का जीवन पूरी तरह से भरा हुआ है ना कि खाली, और बहुतायत का और समृद्ध और सुंदर है, ना कि

अकेला, उदास और उबाऊ। जीवनरूपी नदी त्रिएक की संगति से शुरू होती है।

महान नृत्य पिता, पुत्र और आत्मा द्वारा साझा किए गए बहुतायत के *जीवन* के बारे में है। एक पल में मेंरे लिए सारी कड़ियाँ जुड़ गई। सृष्टी के सारे तर्क वहीं समझ में आने लगे – सृष्टी की रचना और यीशु के आने का तर्क, आपके और मेंरे जीवन का तर्क, बच्चों और बेसबॉल का, काम और मछली पकड़ने का, रोमांस और सैक्स का, लकड़ी के काम का तर्क और एक दुकान चलाने का, हँसी और संगति का, मानव इतिहास का, *जीवन* का तर्क: यह सब एक साथ आ गया। और मैंने देखा कि यह सबकुछ त्रिएक और पिता, पुत्र और आत्मा द्वारा साझा किए गए जीवन के महान नृत्य के साथ शुरू होता है। सबका लय, कारण और रहस्य यही है।

वह दर्शन इतना जबरदस्त था कि मैंने कार का नियंत्रण लगभग खो दिया, और जिससे मुझे सड़क के किनारे रुकना पड़ा। मैंने यह सब लिखने की कोशिश की, पर यह बहुत ज्यादा था। यह बहुत सुंदर था, बहुत समृद्ध था। यह बहुत भारी, बहुत स्पष्ट, बहुत सरल था। पर उस क्षण से, मैं एक वास्तविक धर्मशास्त्री बन गया, एक मसीही धर्मशास्त्री, एक त्रिएक का धर्मशास्त्री, जो मैंने देखा और जो मैं जानता था जो उस सबका हृदय होगा उसे समझने और निर्धारित करने के लिये दृढ संकल्प था।

यह सब तीन बातों पर निर्भर करता है: पहला, वहाँ त्रिएक तथा जीवन का महान नृत्य है। महिमा और आनंद है जिसे पिता, पुत्र और आत्मा द्वारा साझा किया जाता है; दूसरा, जिसमें देहधारण के रुप में पिता, पुत्र और आत्मा हमारे बीच आते है, उनके जीवनचक्र को हमसे बाँटते है, उनके जीवन के महान नृत्य को हम तक पहुंचाते हैं; तीसरा, जिसमें हमारी मानवता है, जो वह रंगमंच है जिसमें आत्मा के द्वारा महान नृत्य किया जाता है। *यही* कुलमिलाकर मातृत्व और पितृत्व है। यही मछली पकड़ना और बेस-बॉल और खेलना इसी के बारे में है, और हँसी और रोमांस, खाना बनाना और काम करना इसी के बारे में है। जो वही तरीके हैं जिनसे पिता, पुत्र और आत्मा की सुंदरता, त्रिएक परमेंश्वर का महान नृत्य, महिमा, संगति और जीवन का प्रदर्शन हम में किया गया।

परमेंश्वर का तर्क

परमेंश्वर उस कैटेसिस्म (मौलिक शिक्षा) में दर्शाये गये दिव्य कल्पना, बिना चेहरे, बिना नाम का या कठोर और सार्वभौमिक नहीं है। वह कोई अकेला शासक या किसी स्वार्थी राजा की तरह नहीं जो मांग करता है कि सब कुछ उसके इर्द-गिर्द घूमता रहे और उसकी महिमा करते रहे। परमेंश्वर कोई कट्टरपंथी या कोई दिव्य मुनीम नहीं, जो यह देखने के लिए हमें एक बाज की तरह नजर गड़ाये रखता है कि क्या हम उसके छोटे नियमों का पालन कर रहे हैं, ना ही वह किसी उबाऊ धार्मिक बूढ़े की तरह, अलौकिक खुशीयों का हत्यारा है जो स्वर्ग में बैठकर सारी अच्छाईयों का गला घोंटने के तरीकों के बारे में सोचता है। दूसरी ओर, परमेंश्वर न तो किसी नासमझ सांता क्लॉज़ की तरह है जो बिना सोचे समझे कि हम किस चीज और किस आनंद के योग्य है बस उपहार बांटता फिरता है। सच तो यह है, परमेंश्वर जुनून, जीवन और संगति का एक चक्र है।

मसीहियत में त्रिएक सबसे सुंदर सिद्धांत है। पर इसे दुर्भाग्यपुर्ण रूप से नजरअंदाज और भुला दिया गया है, और जब भी *इसके* बारे में बात की जाती है, तो उनकी चर्चा में तत्वज्ञानी प्रमुख होते हैं जो तकनीकी जानकारियों में उलझ कर रह जाते हैं और इस सब के मुख्य और सुंदर बिंदु को समझने में असफल रहते हैं।

त्रिएक का सिद्धांत हमें यह बताता है कि परमेंश्वर मज़ेदार है – रिश्तों में रूचि रखने वाला व्यक्तित्व है। जब हम "नायसीन क्रीड" या प्रेरितों की घोषणा का वर्णन करते हैं और यह पुष्टि करते हैं कि यीशु मसीह ही परमेंश्वर का अनंत पुत्र है, तो हम कह रहे हैं कि अनंत काल में कभी भी ऐसा क्षण नहीं रहा होगा कि जब परमेंश्वर अकेला था। हम कह रहे हैं कि परमेंश्वर हमेंशा से पिता, पुत्र और आत्मा है। हम कह रहे हैं कि ऐसा कोई समय नहीं था जब पिता पिता नहीं थे, जब पुत्र और आत्मा नहीं थे और सिर्फ परमेंश्वर ही ऐसा मानो कि केवल एक निराकार दिव्यता थी। परमेंश्वर का अस्तित्व हमेंशा रिश्तों में ही रहा है।

हमेंशा परमेंश्वर के अस्तित्व का केंद्रबिंदु संगति, भाईचारा, साथ रहना

और एकता रहा है, और हमेंशा रहेंगे। महत्वपूर्ण यह है कि हम इसे देखें। और यह उतना ही महत्वपूर्ण है कि हम देखें कि पिता, पुत्र और आत्मा का साझा जीवन दुख, अकेलापन और खालीपन का नहीं है। यह अलगाव या स्वार्थीपन के बारे में नहीं है। कुलमिलाकर यह संगति के बारे में है। और संगति का अर्थ है कि परमेंश्वर अकेला, दुखी: और उदास प्राणी नहीं है। पिता, पुत्र और आत्मा के रूप में, संगति में रहते हुए, परमेंश्वर वास्तव में और अनंतकाल से बहुत आनंदित हैं। पिता, पुत्र और आत्मा वार्तालाप में जीते है, तथा मुक्त बहती एकता और प्रसन्नता की संगति में रहते हैं - सांझा जीवन का एक महान नृत्य जो भरपूर, समृद्ध, जोशिला, रचनात्मक, बेहतर और सुंदर है।

निर्माण की हकीकत

अब, इस परमेंश्वर, इस पिता, पुत्र और आत्मा ने सृष्टी की रचना क्यों की? इस पिता, पुत्र और आत्मा ने इंसानों की, आपकी, मेंरी और हमारे बच्चों की रचना क्यों की? इस पिता, पुत्र और आत्मा ने जानवरों, पक्षियों, मछलियों, फूलों और लाखों सुंदर चीजों की रचना क्यों की जो हमारे चारों ओर हैं? इस परमेंश्वर ने काम, खेल, रिश्ते, रोमांस और सेक्स, खेल और हँसी और भोजन की रचना क्यों की? इन सब बातों के पीछे मकसद क्या है?

जब आप त्रिएक से शुरू करते हैं, तो यह दुनिया की सबसे स्पष्ट चीज है। इस पिता, पुत्र और आत्मा ने जो कुछ उनके पास है उसे हमारे साथ साझा करने के लिए इस सब की रचना की। त्रिएक का लक्ष्य समावेश करना है। सृष्टि में पिता, पुत्र और आत्मा का उद्देश्य हमें उनके साझा जीवन के घेरे में लाना है ताकि हम भी उनके साथ इसका अनुभव कर सकें।

प्रारंभिक चर्च ने इसे समझा और उनकी समझ नायसीन क्रीड के शुरुआती वाक्य में प्रतिबिंबित होती है। "हम एक परमेंश्वर में विश्वास करते हैं, जो सर्वशक्तिमान पिता, स्वर्ग और पृथ्वी का निर्माणकर्ता है।" नायसीन क्रीड यह नहीं कहती: हम एक *परमेंश्वर* में विश्वास करते हैं, जो स्वर्ग और पृथ्वी का निर्माता है। वह कहती है, "परमेंश्वर, सर्वशक्तिमान *पिता*, स्वर्ग और पृथ्वी का निर्माणकर्ता है।"

यह लेखकों की ओर से काफी सोच समझकर किया गया है। वे सृष्टि को परमेंश्वर के पितृत्व के संदर्भ में रख रहे थे, और जिसका अर्थ है पिता, पुत्र और आत्मा के संबंध के संदर्भ में। ऐसा करने से वे चर्च के विचारों को उँचा दर्जा दे रहे थे। वे कह रहे थे कि यदि हम यह समझना चाहते हैं कि हम कौन हैं और हम यहाँ क्यों हैं, तो इसके बारे में जानने का एक ही तरीका है कि निराकार दिव्यता से नहीं बल्कि पिता, पुत्र और आत्मा के संबंधों से आरंभ करें। यह वह संबंध है जिसमें सृष्टि के "क्यों", आपके और मेंरे जीवन के "क्यों", बच्चों और बेसबॉल के "क्यों" और सभी मानवी चीजों का रहस्य है। जीवन का महान नृत्य जो पिता, पुत्र और आत्मा द्वारा साझा किया जाता है वह सृष्टि की कोख है।

जब हम त्रिएक से शुरू करते हैं, तो परमेंश्वर का उद्देश्य सृष्टि में प्रकट होने लगता है। पिता, पुत्र और आत्मा के रूप में परमेंश्वर के अस्तित्व का स्वभाव ही सहभागिता और जीवन सांझा करना है। इस परमेंश्वर का प्रत्येक विचार - प्रत्येक विचार और स्वप्न और कार्य - इसी संगति से उत्पन्न होता है और अपनी छाप रखता है। निर्माण करने का विचार दैवीय उबाऊ या अकेलेपन या उदासी के शून्य में नहीं आता। सृष्टि का विचार पिता, पुत्र और आत्मा द्वारा साझा किए गए गौरवशाली जीवन से आता है। यदि यह परमेंश्वर कुछ निर्माण करने वाला है, तो जीवन सांझा करने के उद्देश्य से ऐसा करना बिल्कुल "स्वाभाविक" बात है। जो ठीक यही कारण है। पिता, पुत्र और आत्मा ने मानव जाति का निर्माण किया ताकि उनके पास जो कुछ भी है उसे हमारे साथ सांझा किया जा सके, ताकि उनके जीवन का महान नृत्य हमारे लिए विस्तारित किया जा सके और हमारे जीवन द्वारा इसका प्रदर्शन किया जा सके।

यह कोई संयोग नहीं है कि जब प्रेरित पौलुस मानवता के लिए परमेंश्वर के अनंत मकसद से जूझ रहा था, तो उसने इसका वर्णन करने के लिए ' पुत्रस्वीकार / गोद लेना ' शब्द को चुना।[7] गोद लेने का मूल अर्थ शामिल करने से है। इसका अर्थ है कि जो अजनबी है, परिवार के दायरे से बाहर है, उसे अनुग्रह और प्रेम में परिवार के दायरे में शामिल करना। और गोद लेने के इस कार्य का मकसद यह है कि जो बाहरी व्यक्ति है वह परिवार के जीवन में हिस्सा ले सके। निर्माण का

7 ईफिसियों 1:3-5 देखें

संपूर्ण मनमोहक कार्य हमारे साथ महान नृत्य सांझा करने की इच्छा से प्रेरित है।

रुढ़िवादी धार्मिक लोगों के साथ मेंरे अनुभव को देखते हुए, मैंने अपने बच्चों को धार्मिक मामलों में जरुरत से ज्यादा दबाव नहीं डालने का निर्णय लिया। पर एक बात जो मैं उनसे नियमित रूप से पूछता हूँ: "यीशु उस आनंद के साथ क्या करता है जो वह अपने पिता और आत्मा के साथ सांझा करता है?" मुझे बहुत खुशी होती है जब हमारी सबसे छोटी बेटी, कैथरीन उस सवाल का जवाब देती है:" वह इसे हमारे हृदयों में प्रकट करता है," वह कहती है, "ताकि हम इसमें भागीदार बन सकें।"

यह सृष्टी का तर्क है। पहले त्रिएकता है फिर त्रिएक जीवन है, पिता पुत्र और आत्मा की संगति और आनंद और महिमा, महान नृत्य। दूसरा यह परमेंश्वर ब्रह्मांड, पृथ्वी और मानवता और सभी चीजों को अस्तित्व में लाता है और इस रचनात्मक गतिविधि का अनुग्रह से भरा और आश्चर्यजनक उद्देश्य नृत्य को हम तक पहुँचाना है। पिता, पुत्र और आत्मा ने हमारी रचना इसिलिए की ताकि हम उनके जीवन में एक साथ भाग ले सकें, ताकि हम उनके ज्ञान, ठहाके और संगति में, उनकी अंतर्दृष्टि और रचनात्मकता और संगीत में, उनके आनंद और घनिष्ठता और भलाई में भाग ले सकें, ताकि इन सब का प्रदर्शन हम में और हमारे सामान्य जीवन द्वारा हो सके।

मसीह के धरती पर आने का तर्क : देहधारण

यदि जीवन के नृत्य को हम तक पहुँचाने के लिए त्रिएक का यह सपना साकार होने वाला है, तो दो चीजें होनी चाहिए। पहला है, सृष्टि की रचना, क्योंकि यदि हमारा अस्तित्व नहीं होता, तो हम त्रिएक जीवन में भाग नहीं ले पाते। दूसरा है देहधारण, क्योंकि त्रिएक में से कम से कम एक को सृष्टि में प्रवेश करना और हमारे जैसा बनना होगा ताकि उनका जीवन हमारे स्तर का हो और हम तक पहुँच पायें। त्रिएक जीवन को धरती पर लाना था, इसलिए मानव रचा गया। यही देहधारण का मुख्य बिंदु है। जिसका मकसद यही था कि परमेंश्वर का पुत्र मनुष्य बने। जैसा कि सेंट आइरेनियस ने कहा, धन्य है हमारा प्रभु यीशु मसीह "जो हमारे

जैसा बन गया ताकि हम उसके जैसे बन सकें।"[8]

प्रिय पुत्र ने अनंत काल से बाहर निकलकर मिलन में प्रवेश किया एकता के मकसद से, एक तरफ त्रिएक और दूसरी तरफ मानवता के बीच की एक कड़ी बन गया। पुत्र वह स्थान बनने के लिए मानव बन गया जहाँ त्रिएक का जीवन मानव अस्तित्व के साथ एक होकर प्रवाहित होता है, और मानव अस्तित्व त्रिएक के जीवन में वर्तमान और हमेंशा के लिए ग्रहण किया जाता है। यीशु मध्यस्थ बना, जिसमें दिव्य आत्मा और मानव एकसाथ मिलकर जीवन सांझा करते हैं। उसने अपने देहधारी जीवन, मृत्यु, पुनरुत्थान और स्वर्गारोहण में यही किया। उसने त्रिएक और हमारे (आप और मैं) और बाकी मानव जाति के बीच एक संबंध बनाया। उसने दिव्य सामर्थ और मानव अस्तित्व को एकसाथ मिलाया। उसने महान नृत्य खोला और हमें उसमें खींच लिया।

हमें उसके जीवन के घेरे में शामिल करने के लिए त्रिएक के इस व्यापक उद्देश्य को मसीह की मृत्यु में सही तरीके से समझा जा सकता है। यदि हम इस बड़ी तस्वीर को नजरअंदाज करें, तो मसीह की मृत्यु का तर्क बहुत भ्रमित हो जायेगा, और परमेंश्वर का एक झूठा भय लाखों लोगों की आत्माओं में उतर जायेगा। यीशु के देहधारण और मृत्यु का तर्क उसके जीवन, उसकी महिमा, उसके महान नृत्य को हमारे साथ सांझा करने के लिए त्रिएक के दृढ़ जुनून में बसता है - और न केवल हमारे साथ, बल्कि पूरी सृष्टि के साथ। क्योंकि सपना यही है कि सारी पृथ्वी पिता, पुत्र और आत्मा के महान् नृत्य से परिपूर्ण होकर परमेंश्वर की महिमा से परिपूर्ण हो जाये।

बच्चों, बेसबॉल और सारी मानवी चीजों का तर्क

हम देहधारण के दूसरी तरफ रहते हैं। परमेंश्वर का पुत्र पहले ही अनंत काल से इतिहास में कदम रख चुका है। वह पहले से ही एक इंसान बना, जिया और मर गया और फिर से जी उठा और पिता के पास चला गया। जब हम इस घटना को

8 सेंट आइरेनियस, अगेंस्ट द हेरीसिस, पुस्तक वी, प्रस्तावना, द एंटे-निकेन फादर्स में, वॉल्यूम। 1: जस्टिन शहीद और आइरेनियस के साथ प्रेरित पिता, संस्करण। अलेक्जेंडर रॉबर्ट्स और जेम्स डोनाल्डसन द्वारा (ग्रैंड रैपिड्स: Wm. B. Eerdmans Pub. Co., 1987 को पुनर्मुद्रित)।

पीछे मुड़कर देखते हैं, तो हमारे लिए यह बड़ा सवाल खड़ा होता है: क्या त्रिएक का उद्देश्य यीशु मसीह में पूरा हुआ? क्या उसने इस मिलन द्वारा, दिव्य जीवन और हमारे जीवन के बीच के इस संबंध को पूरा किया? क्या उसने हमें त्रिएक नृत्य के घेरे में शामिल किया? यह प्रश्न नई शताब्दी का सबसे महत्वपूर्ण प्रश्न है। क्या यीशु मसीह ने मानव जाति के साथ त्रिएक को एक किया, या नहीं? आप इस प्रश्न का उत्तर कैसे देंगे, जो इन सारी बातों को निर्धारित करता है।

स्वयं यीशु का उत्तर क्रूस से उसकी पुकार है: "पूरा हुआ।"[9] और तथ्य यह है कि यह पूरा हुआ का सिर्फ यही अर्थ हो सकता है कि मानव जाति को एक आश्चर्यचकित उपहार दिया गया है। यीशु ने जो कार्य पूरा किया उसका अर्थ है कि त्रिएक परमेंश्वर की बहुतायत की उदारता पहले ही हमारे और हमारे मानव अस्तित्व पर अधिकार ले चुकी है। यीशु ने पहले ही हमें परमेंश्वर के त्रिएक जीवन के साथ एक कर दिया है। और इसका अर्थ है कि पिता, पुत्र और आत्मा द्वारा साझा किए गए जीवन के महान नृत्य में हमें शामिल होने का लक्ष्य पाने की कोशिश करने की जरुरत नहीं है, हमारे लिए यह कोई ऐसा सपना नहीं जिसे हम किसी दिन अंत में अपने धार्मिकता के कर्मों को ठीक कर हासिल करेंगे। इसका मतलब है कि अभी हमारे जीवन में जितना हमने सपना देखा था, उससे कहीं अधिक हो रहा है। वास्तव में, हमारे या हमारे जीवन में कुछ भी सामान्य नहीं है।

यीशु मसीह को हमें खोजने और हमें घर लाने के लिए भेजा गया था। और उसने वही किया भी। उसने हमें पिता पुत्र और पवित्र आत्मा के घेरे में शामिल किया। और अब से हमें यह सोचना सीखना होगा कि हम कौन हैं, न कि एक दिन हम क्या हो सकते हैं। यहाँ यीशु मसीह में हमें उन सभी बातों पर दोबारा सोचना होगा जो हम अपने और दूसरों के बारे में जानते थे, क्योंकि उसने इसे पूरा किया है। उसने हमें महान नृत्य में स्थान दिया। यह ऐसा कुछ नहीं जिसे हम सच करते हैं। *यह* सत्य है।

यीशु जगत की ज्योति है। वो रहस्य है, वह कुंजी जो बच्चों और बेसबॉल, मछली पकड़ने और तंदुर, रोमांस और प्रेम के रहस्य को उजागर करता है। यीशु

9 यूहन्ना 19:30 और 17:4 देखें

वह ज्योति है जो हमारे रात का खाना पकाने से लेकर एक हार्डवेयर स्टोर और पेंटिंग हाउस का प्रबंधन दोस्ती और हँसी और संगीत तक के मानवता के रहस्यों को उजागर करता है। इन सभी बातों द्वारा हमारे भीतर त्रिएक के नृत्य का प्रदर्शन किया जा रहा है।

जब आप त्रिएक और देहधारण को वे जैसे है वैसे देखते हैं, तो आप अपने आप को और अपने जीवन को एक नए और सच्चे प्रकाश में देखने के लिए तैयार हैं। आप यह देखने के लिए तैयार हैं की आपके और आपके जीवन के बारे में कुछ भी सामान्य नहीं है। आप और आपका जीवन पिता, पुत्र और आत्मा का महिमा और आनंद और सुंदरता और प्रेम - महान नृत्य - का जीवित प्रदर्शन हैं।

हम इसे क्यों नहीं समझ पाते पर एक टिप्पणी

हमने इस शानदार दर्शन को क्यों और कैसे खो दिया, और इस तरह के उबाऊ और निष्फल मसीहियत के साथ आज हम जहाँ हैं, यह एक अलग मुद्दा है। यह एक पारिवारिक बहस जितना ही जटिल है, और इसमें पश्चिमी दुनिया का पूरा इतिहास शामिल है – जो है मसीही धर्मशास्त्र का इतिहास और विकास, दर्शन और विज्ञान का, मध्यकालीन सामंतवादी प्रणाली, सुधार, ज्ञानोदय, और किसी भी प्रमुख सांस्कृतिक प्रभाव और ऐतिहासिक घटनायें। हम में से अधिकांश लोग अपनी पत्नियों या पतियों को नहीं समझ पाते, पश्चिमी इतिहास की बड़ी तस्वीर की तो बात ही छोड़ दें।

पर दूसरे स्तर पर, यह इतना जटिल नहीं है। हमारे साथ जो हुआ, कलीसिया के साथ जो हुआ, वह यह है कि हमने यीशु का अर्थ खो दिया। पश्चिमी इतिहास के प्रवाह में देहधारण कहीं खो गया, और यीशु छोटा और छोटा और छोटा होता चला गया - इस हद तक कि पश्चिमी दुनिया में आज हमारे हाथों में जो यीशु है वह पूरी तरह से हल्का है। हमारे मरने पर वह हमें स्वर्ग नामक एक अस्पष्ट स्थान में ले जा सकता है, पर वह यहाँ और अभी मानव जीवन के अर्थ को लेकर एक अजीब चुप्पी साधे हुये है। आधुनिक यीशु मातृत्व और पितृत्व के अर्थ को लेकर, शिशुओं और बेस-बॉल, पकाने और हँसी-मजाक को लेकर, रोमांस और

रचनात्मकता को लेकर, हार्डवेयर की दुकान चलाने और चौकीदारी को लेकर, मछली पकड़ने, बागवानी, संगीत और कला को लेकर अजीब चुप्पी साधे हुये हैं।

आधुनिक यीशु आपको आपके पापों की क्षमा दिला सकता है, आपको नरक जाने से बचा सकता है, और आपको स्वर्ग पहुंचा सकता है, पर उसके पास आपके जीवन के रहस्य के बारे में, आपकी मानवता, आपके प्रेम और जुनून, प्रसन्नता, बोझ और आँसूओं के बारे में कहने के लिए आज कोई शब्द नहीं है।

कुछ ही समय पहले मेंरे घर में एक बढ़ई काम कर रहा था। जो एक मसीही था, मैंने उससे पूछा कि क्या आपने कभी सोचा है कि यीशु मसीह आपके बढ़ई काम से कैसे संबंधित है। उसने कहा, "नहीं, वास्तव में नहीं है। मुझे लगता है कि यीशु मुझे एक ईमानदार बढ़ई बनाता है।" जिस पल उसने ऐसा कहा, मैंने मन ही मन सोचा, क्या ऐसा हो सकता है? क्या कुलमिलाकर हमें दुनियाभर के बढ़ई, इंजीनियरों, डिजाइनरों, कलाकारों से यही कहना है? क्या हमें कुलमिलाकर दुनियाभर के डॉक्टरों, नर्सों और शिक्षकों, रसोइयों और मछुआरों और चौकीदारों से यही कहना है? की यीशु आपको ईमानदार बनाएगा? वह तुम्हें बचा सकता है और तुम्हारे मरने पर तुम्हें स्वर्ग ले जा सकता है, और इस बीच वह तुम्हें ईमानदार बनायेगा? क्या ईमानदारी यीशु मसीह और इंसानों के बीच के रिश्तों की एक हद है? क्या यीशु मसीह का प्रभाव मनुष्य पर और जो वे अपने जीवन में दिन-प्रतिदिन करते हैं, क्या वह घटकर सिर्फ नैतिकता ही रह गयी है? क्या हमें कुलमिलाकर इतना ही कहना है?

देहधारण खो देने का अर्थ है यीशु मसीह का आकार छोटा करना। जिसने उसे एक ऐसे दर्शक से थोड़ा ही ज्यादा बनाया जो मानव जाति को दूर से देखता है। और "दर्शक रुपी यीशु" ने इंसानों को खुद को "सिर्फ इंसान" रुप में और अपने जीवन को "साधारण" समझ के साथ छोड़ दिया है। बढ़ई काम इस प्रकार पूरी तरह से एक मानवीय प्रयास है, जो बस एक और मसीह-रहित मानवीय गतिविधि है। पूरी दुनिया में यीशु मसीह की बस यही भूमिका रह गयी है कि वह बढ़ई समाज में ईमानदारी को बढ़ावा देने का काम करे।

यीशु मसीह का आकार छोटा करना वह स्थान है जहाँ से उलझन शुरू

होती है। मैं आपको बता सकता हूँ कि दोहरे विधि-विधान के केल्विनवादी सिद्धांत का इससे बहुत गहरा संबंध रहा है। और इसी तरह सर आइजैक न्यूटन के आस्तिकवाद और यंत्रवादि विश्व-दृष्टिकोण का उदय हुआ और शरीर और आत्मा, और मन और वास्तविकता के बीच डेसकार्टेस के दोहरे मापदंड, और तर्कवाद, और ज्ञान गौरव का उदय हुआ।[10] प्रत्येक ने अपने तरीके से देहधारण को खोने में, यीशु का आकार कम करने में और यीशु मसीह को सृष्टी में एक मात्र दर्शक स्वरूप में कार्य करने वाला ठहराने में अपना योगदान दिया। पर एक और कारण है, जो मेंरे लिए सबसे गहरा है। और यह बदलाव परमेंश्वर के मूल सिद्धांत को लेकर हमारी समझ में बदलाव आना है। आरंभिक कलिसीय़ा ने देखा कि परमेंश्वर का मूल सिद्धांत त्रिएकत्व है। पर पश्चिमी धर्मशास्त्र के विकास में, परमेंश्वर के मूल सिद्धांतों को सत्य के रूप में त्रिएकत्व के स्थान पर परमेंश्वर की पवित्रता को स्थापित किया गया।[11] वास्तव में, यह परमेंश्वर की पवित्रता का एक झूठा दृष्टिकोण स्थापित किया गया था। परमेंश्वर की पवित्रता को सुंदरता को यदि ठीक से समझा जाये तो यह सुंदर है।

यदि हम आनंद, परिपूर्णता और पिता, पुत्र और आत्मा के प्रेम, उनके आपसी आनंद और जुनून को, उनके रिश्तों की एकता, उनकी घनिष्ठता, मेंल-मिलाप और परिपूर्णता को लेकर इन सबको एक शब्द में बदल देते हैं, तो वह "पवित्रता" कहलायेगा। परमेंश्वर की पवित्रता उन विशेष शब्दों में से एक है जो हमें आश्चर्य और सुंदरता, विशिष्टता और स्वस्थ और त्रिएक जीवन की सच्चाई बयान करने के लिए है। पर पश्चिमी परंपरा में, परमेंश्वर की पवित्रता को त्रिएक से अलग कर दिया गया था और नियम और व्यवस्था, अपराध और सजा, अंधे और क्रुर न्याय की दुनिया में स्थापित किया गया। कठोर नियम की इस स्टेनलेस स्टील की दुनिया में, "पवित्रता" का अर्थ 'कानूनी पुर्तता' या 'नैतिक सदाचार' था। उसके बाद पवित्रता की इस धारणा को परमेंश्वर के सिद्धांत में दोबारा मिलाया

10 इस समस्या पर आगे के अध्ययन के लिए, विलियम सी. प्लाचर, दि डोमेंस्टिकेशन ऑफ ट्रान्सेंडेंस (लुइसविले: वेस्टमिंस्टर जॉन नॉक्स प्रेस, 1996) और माइकल जे. बकले की आकर्षक, फिर भी प्रमुख, किताब, एट द ऑरिजिंस ऑफ मॉडर्न एथिस्म (न्यू हेवन: येल यूनिवर्सिटी प्रेस, 1987)।

11 गौर करें कि परमेंश्वर की परिभाषा में जो पहले छोटी कैटेसिस्म में दर्शायी गई थी, उसमें त्रिएकत्व का बिल्कुल भी उल्लेख नहीं किया गया है। अगले प्रश्न में, कैटेसिस्म त्रिएकत्व को जैसे स्वयं को सही करने के लिए चित्र-रूप में दर्शाता है, , पर यह स्पष्ट सवाल उठता है, कि त्रिएक को परमेंश्वर की पहली और अधिक मौलिक परिभाषा से पूरी तरह से क्यों हटाया है?

गया और इसे त्रिएक के सिद्धांत के बजाय परमेंश्वर के गहरे सत्य के रुप में बदलकर जो कि दिव्य अस्तित्व की प्रेरणादायक सामर्थ है स्थापित किया गया।

जब ऐसा हुआ, तो पूरी सृष्टी का तर्क ही बदल गया, और इसके साथ ही उत्पत्ति का तर्क, देहधारण का तर्क और मसीह की मृत्यु, मानव अस्तित्व का तर्क और पवित्र आत्मा का तर्क भी बदल गया। सबकुछ तोड़ा मरोड़ा गया, आड़ा तिरछा और भयानक रुप से भ्रम में बदल गया।

पश्चिमी मॉडल में सुसमाचार इन शब्दों से शुरू होता है कि परमेंश्वर पवित्र है (नियम अनुसार पवित्र)। और मानव जाति पाप में गिर गई है, और दंड के भागीदार है। इस पृष्ठभूमि में, यीशु मसीह, परमेंश्वर की पवित्रता और न्याय को संतुष्ट करने आया। क्रूस पर, मानव जाति का दोष यीशु मसीह पर डाला गया, और पाप के प्रति परमेंश्वर का दंड उस पर डाला गया। परमेंश्वर का न्याय संतुष्ट हो चुका और हमें क्षमा और कानूनी रूप से शुद्ध कर दिया गया है।

पश्चिमी सुसमाचार की इस विशेष पैकेजिंग में, कई चीजें दुर्भाग्यपूर्ण रूप से गलत हो गई हैं। पहला है, कुलमिलाकर तस्वीर खो चुकी है। त्रिएक का महान नृत्य और पिता, पुत्र और आत्मा का आश्चर्यजनक लक्ष्य, हमारे साथ अपना जीवन और महिमा को साझा करने की पहुँच खो चुकी है। इसके स्थान पर, हमारे पास एक दिव्य रुढिवादी परमेंश्वर है जो मानवीय विफलता और पाप से अत्यधिक नाराज है, और यीशु हमें बचाने आ रहा है। इस विनाशकारी धारणा से बचने का कोई रास्ता नहीं है कि यीशु हमें परमेंश्वर से बचाने के लिए आया। यीशु मसीह की मृत्यु का मकसद अब मानवी भ्रष्टाचार और अलगाव से नहीं पर परमेंश्वर से है। यीशु परमेंश्वर के प्रति कुछ करने आया, उसके सफेद पुलिंदे में लिपटे नियमों को पूरा करने, यहाँ तक कि परमेंश्वर के हृदय को बदलने के लिए भी ताकि हमें क्षमा किया जा सके।

दूसरा है, क्रूस ने अचानक ही *खुद यीशु* के स्थान को छीन लिया। जैसा कि मैं पहले बता रहा था, यीशु वह स्थान है जहाँ दिव्यता और मनुष्य एक साथ आते हैं। यीशु वह स्थान है जहाँ वे मिलते हैं और एक होते हैं। वह मानव बना ताकि वह हमें जोड़ सके और इस तरह अपना दिव्य जीवन हमारे बीच ला सके।

जो कि अनंत काल तक ऐसे ही रहेगा। हम यीशु द्वारा महान नृत्य में हिस्सा लेंगे। हमेंशा और हमेंशा के लिए, वह त्रिएकत्व के जीवन और हमारे बीच मुलाकात और एकता का केंद्रबिंदु होगा। इस तरह यीशु मसीह, (न की क्रूस) हमेंशा हमेंशा के लिए सारी सृष्टी और सभी चीजों का केंद्रबिंदु है और रहेगा। पर अब बात बदल गई है, जैसे कि कुलमिलाकर क्रूस महत्वपूर्ण हो गया है। पश्चिमी मॉडल की विडंबना यह है कि यीशु को कानूनी रुप से उस दंड का भुगतान करना पड़ा जो हमारे लिए निर्धारित था। एक बार जब कष्ट पूरे हो जाते हैं, तो खुद यीशु भी किसी वास्तविक और व्यावहारिक मूल्य का नहीं रहता। उसका काम पूरा हो चुका। परमेंश्वर और मानवता के बीच कानूनी व्यवस्था में अब उसकी कोई जरुरत नहीं रहती। परमेंश्वर और मनुष्यों के बीच कानूनी समस्या को ठीक करने के बाद, वह संक्षेप में सर झुकाकर चला है और उन्हें अपने हाल पर छोड़ देता है। ज्यादा से ज्यादा, यीशु हमारे लिए अनुसरण करने के लिए चमकदार धार्मिक उदाहरण के रूप में रह जाता है या एक ऐसे व्यक्ति के रूप में जो अपने बलिदान के बारे में परमेंश्वर को याद दिलाने के लिए स्वर्ग में कभी कभी पवित्र डाली हिलाता है। यीशु मसीह के केंन्द्रियता के बजाय क्रूस को केंन्द्रिय स्थान बनाना पश्चिमी चर्च का महान पाप और सारी मुसीबतों की जड़ है।

तीसरा है, धर्मी ठहराए जाने को इतना अत्यधिक महत्त्व दिया जाना की वह पुत्रस्वीकार की जगह केंद्रिय मसीही संदेश बन गया है। यहाँ कुलमिलाकर सुसमाचार सभी को क्षमा किए जाने के बारे में है। बेशक, यह सच है कि क्षमा संदेश का एक हिस्सा है, परमेंश्वर को धन्यवाद, क्योंकि हम सभी को क्षमा की जरुरत है। पर यह पूरा सच नहीं है। ना ही यह कहानी का मुख्य भाग भी है। क्षमा एक महत्वपूर्ण लक्ष्य की पूर्ति करता है, और वह महत्वपूर्ण लक्ष्य त्रिएकत्व के जीवन में हमारा समावेश है— यीशु को भेजने के पीछे परमेंश्वर का यही उद्धेश्य है। पर पश्चिमी मॉडल में, महत्वपूर्ण लक्ष्य वास्तव में भुला दिया गया है। न्याय पूरा किया जाने को मसीही विचार धारा पर इतना हावी कर दिया गया है कि गोद लेने की विचार धारा एक किनारे हो गयी है। हम अपने गोद लेने के बारे में ज्यादा नहीं सुनते। हम क्षमा के बारे में बहुत कुछ सुनते हैं, पर आत्मा में अपने पिता के साथ यीशु के संबंध में हमारे समावेश की चौंकाने वाली वास्तविकता के बारे में

बहुत कम सुनते हैं।

चौथा है, न्याय पूरा हुआ और हमें धर्मी बनाये जाने पर अधिक जोर और हमारे गोद लेने पर चुप्पी हमें अपनी वास्तविक पहचान और हमारे अस्तित्व के रहस्य को अंधेरे में छोड़ देती है। पश्चिमी मॉडल के अनुसार, यीशु कानूनी समस्या को सुलझाने आया था। और उनका केंद्रबिंदु क्रूस पर उसका पीड़ा में से होकर गुज़रना होता है। जब लोग मसीह की मध्यस्थ के रूप में चर्चा करते हैं, तो उनके अनुसार वह क्रोधित परमेंश्वर और पापी लोगों के बीच खड़ा है और कानूनी समस्या को सुलझा रहा है। वह दृष्टि खो चुकी है कि वह दिव्य और मानव जीवन के बीच एकता का केंद्रबिंदु है। वह दृष्टी खो चुकी है कि वह त्रिएक और मानव अस्तित्व के बीच की कड़ी है और वह हमारे लिए परमेंश्वर के त्रिएक जीवन की मध्यस्थता करता है।

पश्चिमी मॉडल पर, एक बार पाप का हल हो जाने के बाद, यीशु स्वर्ग में वापस चला जाता है और एक दर्शक बनकर हमपर दूर से नजर रखता है। एकता या वह संबंध जो यीशु ने त्रिएक और मनुष्यों के बीच बनाया था, वह ओझल हो गया है। और हमारे और त्रिएक जीवन के बीच वह ओझल दृष्टी हमारे पास खुद को "केवल मानव" के रूप में देखने के अलावा कोई विकल्प नहीं छोड़ती। अभाव के रूप में, जो न कभी देखा जाता है और न कभी कहा जाता है, हमें यह मानने के लिए छोड़ दिया जाता हैं कि हमारा मानव अस्तित्व सिर्फ मानवीय और संसारिक हैं। इसमें कोई त्रिएक नहीं है, कोई दिव्य जीवन नहीं है, कोई दिव्य नृत्य नहीं है। यह सिर्फ मानवीय है। हमारा जीवन और हमारा संपूर्ण मानवीय अस्तित्व, 'साधारण' विषय बनकर रह जाता है। हमारा मातृत्व और पितृत्व, हमारा प्यार और स्नेह, हमारा काम, हमारा बढ़ई-काम, हमारा खेल और बागवानी, हमारा बेसबॉल और खाना-पिना और ठहाके, हमारी दोस्ती और आनंद, हमारी रचनात्मकता और रोमांस परमेंश्वर के त्रिएक जीवन से बाहर रह गए हैं। वे सिर्फ मानवी हैं। हमें कभी इस सच पर संदेह भी नहीं होता।

इसके बारे में कम या ज्यादा शब्दों में कहें तो यीशु मसीह में चौंका देने वाली वास्तविकता ने मानवीय अस्तित्व को बदल कर रख दिया है उस बारे

में हमें सुराग भी नहीं। एक बड़ा परदा हमारी आंखों को ढक लेता है और हम देख नहीं पाते। हमें कुछ पता नहीं होता कि हम कौन हैं। हमारी सच्ची पहचान के प्रति अंधकार में रहते हुए, इस प्रकार हमारे अर्थ ही मानव अस्तित्व में हमें नयी पहचान के तलाश की हताशा भरी खोज में झोंक दिया गया है। और आज हम यहाँ हैं: मसीही युग के 20 शताब्दियाँ में, हमारी कॉर्पोरेट आत्मा में एक गहरे पहचान का संकट बढ़ गया है और यह हमें पागल कर रहा है। हम, जैसा कि चौसर ने एक बार वर्णन किया था, एक शराबी की तरह है, जो जानता है कि उसका एक घर है, लेकिन उसे घर का रास्ता नहीं मिल रहा है।[12] सभी विडंबनाओं की विडंबना यह है कि पश्चिमी दुनिया आत्मिक अर्थ की मांग कर रही है और चर्च के पास देने के लिये कुछ नहीं है। इनका यीशु बहुत छोटा नज़र आता है।

सच्चाई यह है कि, यह दुनिया पवित्र त्रिएक की है और पिता, पुत्र और आत्मा द्वारा साझा किए गए जीवन के महान नृत्य से प्रभावित है। आप और आपका जीवन त्रिएक परमेश्वर के बहुतायत की उदारता द्वारा जकड़ा गया है। आपको महान नृत्य में शामिल किया गया है। यही आपकी पहचान है, कि आप कौन हैं और कुलमिलाकर आपका जीवन किस बारे में है। कुलमिलाकर यही आपके मातृत्व और पितृत्व के बारे में है। यही कुलमिलाकर आपकी बागवानी और आपके साथ मिलकर खाना-पाना और आपके बढ़ई-काम और नौकरी और प्रेम और दोस्ती के बारे में है। यही वे जरीये हैं जिनके द्वारा आप में त्रिएक के महान नृत्य का प्रदर्शन किया जा रहा है।

---

12 कैंटरबरी टेल्स में जेफ्री चौसर, "द नाइट्स टेल" देखें (न्यूयॉर्क: वाशिंगटन स्क्वायर प्रेस, 21वीं छपाई, 1975), पेज 25

2

नृत्य का विस्तार

यीशु क्यों आया और उसने क्या पूरा किया

देहधारण का मुख्य उद्देश यही है कि वह हमें ऊपर उठाकर एकता के जीवन में और परमेंश्वर के त्रिएक जीवन में भागीदार बनाये।
—जेम्स बी. टोरेन्स [13]

क्योंकि हमारे प्रभु के देहधारण का यही उद्देश्य और अंत था, कि वह उन्हें जो स्वभाव से मनुष्य है, उन्हें अपने साथ जो स्वभाव से परमेंश्वर है उसमें एक करे।
— सेंट अथानासियुस [14]

यूहन्ना अपने सुसमाचार का आरंभ बाइबिल के शुरूआती वचनों के स्पष्टीकरण से करता है। उत्पत्ति 1:1 कहता है, "आदि में परमेंश्वर ने आकाश और पृथ्वी की रचना की।" यूहन्ना के लिए यह निश्चित रूप से सच है, पर बहुतो के लिए नहीं। यूहन्ना बाइबिल के किसी भी लेखक की तुलना में अधिक स्पष्ट रूप से देखता है कि जिस परमेंश्वर ने आरंभ में रचना की वह सिर्फ "परमेंश्वर" ही नहीं था, ना ही निराकार, कठोर और अदृश्य या सार्वव्यापी था, बल्कि पिता, पुत्र और आत्मा था। और यूहन्ना देखता है कि सृष्टि और यीशु

13 जेम्स बी. टॉरेंस, *वरशिप, कंम्युनिटी एन्ड ट्रीयुन गॉड ऑफ ग्रेस* (डाउनर्स ग्रोव: आईवीपी, 1996), पेज 21

14 सेंट अथानासियुस "अगेन्स द एरियन्स" *सेंट अथानासियुस में: सिलेक्ट वर्क्स एंड लेटर्स, वॉल्यूम, द निकीन का IV और क्रिश्चियन चर्च के पोस्ट निकेन फादर्स*, दूसरी श्रृंखला, फिलिप शैफ और हेनरी वेस द्वारा संपादित-एड (ग्रैंड रैपिड्स: एर्डमैन्स पब्लिशिंग कंपनी, पुनर्मुद्रण 1987), II.70

मसीह का आगमन दोनों ही सीधे त्रिएक के जीवन से निकलते हैं। सृष्टि रचने का कारण, सृष्टि रचने का लक्ष्य और उद्देश्य, आपके और मेंरे अस्तित्व का, पिता, पुत्र और आत्मा द्वारा साझां किए गए जीवन के महान नृत्य में शामिल होने से है। संसार की रचना में इस परमेंश्वर का उद्देश्य महान नृत्य को दूसरों तक पहुँचाना है। परमेंश्वर के अनंत वचन ही सारी सृष्टि की हकीकत है।

यदि पिता, पुत्र और आत्मा का यह सपना साकार और स्थायी रूप से पूरा होना है, तो यह आवश्यक है कि त्रिएक में से कम से कम कोई एक हमारी दुनिया में प्रवेश करे और जैसे हम हैं वैसा बने। क्योंकि वास्तव में सिर्फ इसी तरह से त्रिएक जीवन हम तक पहुँच सकता है। इससे कुछ भी कम हमें आकाश में किसी उडन तबकडी जैसा लगेगा– जो दिखाई तो देगा पर अंत में हमारे बहुत ऊपर और पहुँच से बाहर होगा। यीशु के आने की हकीकत पिता, पुत्र और आत्मा द्वारा साझा किए गए जीवन के महान नृत्य और उस नृत्य को हमारे साथ साझा करने के उनके आश्चर्यजनक निर्णय और दृढ़ संकल्प के साथ शुरू होती है।

इस छोर पर, परमेंश्वर का पुत्र अनंत काल से बाहर निकलकर एक इंसान बना और कुँवारी मरीयम द्वारा एक बच्चे के रुप में जन्म लिया। सबसे गहरी नम्रता के साथ, उसने हमारी दुनिया में प्रवेश किया और हमारे जैसा बना। पहले उदाहरण में, हमें परमेंश्वर के पुत्र के आगमन को पिता, पुत्र और आत्मा की भूमिका के रूप में देखना होगा, जिसमें उनकी सहभागिता, उनके सांझा जीवन का महान नृत्य है।

त्रिएक के नृत्य का देहावतार

इससे पहले मैंने उस परिवर्तन के बारे में लिखा था जहाँ मेंरी परमेंश्वर को लेकर मेंरी समझ में परिवर्तन हुआ। परमेंश्वर के प्रति मेंरी धारणा सिर्फ एक ऐसे न्यायी परमेंश्वर के रुप में थी, जो एक प्रकार की नग्न, निराकार सर्वव्यापी शक्ति है जिसका कोई वास्तविक चेहरा नहीं है, पर अब बदलकर परमेंश्वर के मसीही दृष्टिकोण में पिता, पुत्र और आत्मा के रूप में आनंद, जुनून, रचनात्मकता और प्रेम की संगति में रहने वाली हो गयी है। उसी तरह हमें देहधारण के बारे में अपनी

सोच में बदलाव लाना होगा।

कलीसिया ने अपने बेहतर दिनों में, देहधारण के साथ जुड़े रहने के लिये एड़ी चोटी की लड़ाई लड़ी। आरंभिक कलीसिया समझ गयी थी कि सबकुछ इसी पर टिका है। यदि यीशु मसीह नायसिन क्रीड के कहे अनुसार पूरी तरह से दिव्य और प्रभुओं का प्रभु नहीं है, तो उसने हमें जो दिया है वह परमेंश्वर के जीवन और परिपूर्णता से कम होगा। वे इसे समझ गए, और उन्होंने मसीह की पूर्ण दिव्यता के लिए लड़ाई लड़ी।

और उन्होंने पूर्ण रुप से मानवता के लिए भी ऐसा ही किया। हकीकत का दूसरा सत्य पहलु यह है। यदि वह प्रभुओं का प्रभु है, पर एक वास्तविक इंसान नहीं बना, तो उसके पास एक दिव्य जीवन हो सकता है, पर वह हम तक नहीं पहुँचेगा। हम आकाश में उडन तबकडी के दृष्टांत पर वापस आ गए हैं।

इन दोनों महत्वों के साथ साथ एक तीसरा भी है, और यह पहले दोनों जितना ही महत्वपूर्ण है। वास्तव में, यदि आप तीसरे बिंदु से चूक जाते हैं, तो यीशु की पूर्ण दिव्यता और पूर्ण मानवता की यह सारी बातें कल्पनाओं में कहीं खो जायेंगी और कभी कोई वास्तविक अर्थ नहीं होगा। देहधारण का अर्थ है कि प्रभुओं का प्रभु एक वास्तविक मनुष्य, हमारी हड्डी की हड्डी और हमारे मांस का मांस बन गया। पर यह कोई ऐसा ही परमेंश्वर नहीं था जो इंसान बना। पर यह परमेंश्वर का पुत्र था। यह सिर्फ ऐसा निराकार, अदृश्य काल्पनिक शक्ति नहीं थी जो मानव बन गया, यह पिता का प्रिय पुत्र था, जो पिता के साथ आत्मा की संगति में रहता है, जो पिता को जानता है और उससे प्रेम करता है और जीवन के नृत्य को सांझा करता है।

मैं इस पक्ष को प्रश्न के रूप में रखना चाहूंगा: क्या परमेंश्वर के पुत्र ने मानव बनने पर अपने पिता को त्याग दिया था? क्या वह पिता और आत्मा के साथ सांझा किये जाने वाले जीवन के दायरे से बाहर निकल गया? क्या क्रिसमस का नृत्य समाप्त हो गया? क्या आत्मा में पिता और पुत्र की संगति अचानक टूट कर बिखर गई और इस प्रक्रिया में कहीं खो गई? बिल्कुल नहीं। सभी चीजों से ऊपर

और परे, देहधारण का अर्थ परमेंश्वर या किसी प्रकार के सामान्य दिव्य जीवन का ही आना नहीं है। पर देहधारण का अर्थ है पिता, पुत्र और आत्मा के अनंत *त्रिएकत्व संबंधों* का आना। यीशु मसीह में, न केवल दिव्य जीवन, बल्कि त्रिएक का महान नृत्य, पिता, पुत्र और आत्मा का आनंद और परिपूर्णता और महिमा, उनका जीवन और एकता और संगति ने हमारी दुनिया में प्रवेश किया और इसका अधिकार स्थापित किया।[15] जो इसका यही सरल और आश्चर्यजनक सत्य।

पहले उदाहरण में, यीशु मसीह के जीवन को इस धरती पर शरीर के तौर पर समझा जाना चाहिए, न केवल एक दिव्य जीवन, बल्कि मानव अस्तित्व में खुद त्रिएक के जीवन के रुप में समझा जाना चाहिये। यीशु मसीह में जो होता है वह यह है कि त्रिएक का महान नृत्य धरती पर है और एक दिव्य-मानवीय वास्तविकता के रूप में जीवित रहता है।

यदि आप परमेंश्वर के बारे में मौलिक सत्य के रूप में एक नियम से बंधि पवित्रता के साथ शुरू करते हैं, तो, जब आप यीशु के पास आते हैं, तो आप पाप की समस्या को हल करने के लिए क्रूस पर चढ़ाने की इतनी जल्दी में होते हैं कि देहधारण को पीछे छोड़ देते हैं। जब आप नियम से बंधि पवित्रता के साथ शुरू करते हैं, तो आपकी नजर केवल क्रूस तक ही सीमित रहती है, और आप कभी यह नहीं देख पाते कि यीशु मसीह में, पिता, पुत्र और आत्मा का अनन्त त्रिएक जीवन मानव अस्तित्व में होने से कुछ कम नहीं।

आपको वास्तव में देहधारण का चौंका देने वाला अर्थ कभी नहीं मिलता। और आप स्वर्गारोहण का चौंका देने वाला अर्थ कभी नहीं देख पाते। नियम से बंधे ढांचे में क्रूस का आकार क्षितिज पर इतना बड़ा है कि उसकी छाया में यीशु का देहधारण, पुनरुत्थान और स्वर्गारोहण ढंक गया है। क्या आप जानते हैं स्वर्गारोहण का अर्थ क्या है? क्या आपने कभी स्वर्गारोहण पर उपदेश या उपदेशों को सुना है?

स्वर्गारोहण का अर्थ है कि देहावतार समाप्त नहीं हुआ है। स्वर्गारोहण का अर्थ है कि वर्तमान और हमेंशा के लिए पुत्र एक मनुष्य के रूप में अपने पुत्र होने

15 कुलुस्सियों 1:19 और 2:9 देखें।

के हक को जारी रखता है।

जब पुत्र मनुष्य बना, तो ऐसा नहीं था कि उसने कोई पोशाक पहनी थी जिसे वह बाद में उतार देगा। वह वर्तमान और हमेंशा के लिए हम में से एक है, हमारी हड्डी की हड्डी और हमारे मांस का मांस, एक मनुष्य और एक इंसान। जैसा कि ट्रेवर हार्ट बताते हैं, देहधारण "परमेंश्वर के जीवन में एक अस्थायी घटना" नहीं थी,[16] पर त्रिएक के लिए एक स्थायी वास्तविकता थी। जो वर्तमान और हमेंशा के लिए, नृत्य में एक पूर्ण प्रतिभागी के रूप में घेरे के भीतर, *मनुष्य का स्वरुप* परमेंश्वर के पूर्ण दिव्य पुत्र के रुप में पिता के दाहिनी ओर जा बैठा।

त्रिएक जीवन का धरती पर आना, त्रिएकता के नृत्य का समावेश, एक ऐसा चरण नहीं था जो गुजर जायेगा। परमेंश्वर का पुत्र 'जो' बना, उसने 'जो' किया वह ना ही समाप्त हुआ है और ना ही उसने उस स्वरुप को त्याग दिया है। देहधारण अतीत का कोई वह पल नहीं था। जब परमेंश्वर के पुत्र ने मनुष्य का स्वरुप *धारण किया*, तो वह मनुष्य ही बना और वह अनंत काल तक मनुष्य *ही रहेगा*। त्रिएक के जीवन का नृत्य अब केवल एक दिव्य नृत्य नहीं रह गया है। पर यह वर्तमान और हमेंशा के लिए एक दिव्य-मानवीय नृत्य बन गया है। अब जब पिता पुत्र को बुलाता है, तो वह मनुष्य की भाषा में बुलाता है, जो अनंत काल तक रहेगा।

ऐसा क्यों? क्योंकि सृष्टी के उस पार कोई कठोर, स्वार्थी या काल्पनिक देवता नहीं है, बल्कि पिता, पुत्र और आत्मा और उनकी अनंत संगति एक साथ निवास करती है। और क्योंकि इस त्रिएक परमेंश्वर ने, आश्चर्यजनक अनुग्रह में, महान नृत्य को जमा करने के लिए नहीं, बल्कि हमारे साथ सांझा करने का निर्णय लिया है। यह दृढ संकल्प जो देहधारण तथा स्वर्गारोहण में वास्तविक हुआ, उसने वर्तमान और हमेंशा के लिए उस त्रिएक संबंध को मानवजाति के बीच जिया, ताकि दैवीय नृत्य *हम* तक पहुँच सके।

देहधारण का नृत्य, पतन के बीचोबीच

पर हम यहाँ देहधारण के अर्थ की सिर्फ सतह खंरोच रहे हैं। क्योंकि इस

16 ट्रेवर हार्ट के शब्दों में, "मसीह में मानवजाति और मानवजाति में मसीह: जॉन कैल्विन के धर्मशास्त्र में" उद्धार हमारे स्थान पर सहभागिता के रुप में भूमिका निभाता है। (स्कॉटिश जर्नल ऑफ थियोलॉजी वॉल्यूम 42), पेज 72

त्रिएक की संगति का मानव अस्तित्व में जीना हमारे *वास्तविक* मानव अस्तित्व के घेरे में घटित हुआ - आदम के पतन और भ्रष्टता में, बुराई की प्रभुता और अंधकार में, और परमेंश्वर और इस्राएल के बीच की वाचा में स्थान लिया। इसलिए त्रिएक की संगति का देहधारण करना एक खूनी घटना थी, जिसमें दर्द और आँसू, चीखना-चिल्लाना और पीड़ा और मृत्यु के साथ-साथ नया जन्म शामिल था।

आदम में एक नया मनुष्य

सबसे पहले और सबसे महत्वपूर्ण, देहधारण का मायना यह है कि परमेंश्वर का पुत्र अपना पुत्रत्व अपने पिता के साथ उसकी सहभागिता को मनुष्य के रूप में जीता जीवन बिताता है। पर यूहन्ना हमें सीधे बताता है कि यह न केवल हमारे मानव अस्तित्व में, बल्कि मानव 'देह' में हुआ।[17] यूहन्ना के लिए इतना काफी नहीं था कि वह हमें इस सच्चाई के साथ छोड़ दे कि 'परमेंश्वर' ने स्वर्ग और पृथ्वी बनायी।

वह यह सुनिश्चित करना चाहता था कि हम यह जानें कि पिता, पुत्र और आत्मा ने उत्पत्ति में अपनी भूमिका निभायी थी। इसी प्रकार, यूहन्ना के लिए इतना काफी नहीं था कि वह हमें इस तथ्य के साथ छोड़ दे कि परमेंश्वर का पुत्र एक मनुष्य बना। वह यह सुनिश्चित करना चाहता था कि हम यीशु मसीह की पूर्ण महिमा को देखें। वह यह सुनिश्चित करना चाहता था कि हम उसकी नम्रता और प्रेम की गहराई को समझें। वह चाहता था कि हम देहधारण को प्रायश्चित के रूप में समझें। यूहन्ना हमें बताता है, पुत्र न केवल मानव बना, बल्कि देह[18] बना जो बाइबिल के अनुसार, एक भारी शब्द है। जब बाइबिल मानवता के अंधकार,

---

17 यूहन्ना 1:14 देखें

18 सीईबी क्रैनफील्ड ने अपने, "द विटनेस ऑफ द न्यू टेस्टामेंट टू क्राइस्ट" में संसारिक देह के अर्थ पर आसान टिप्पणी की है, कार्ल बार्थ के लिए एसेज इन क्रिस्टोलॉजी में, T..H.L. पार्कर द्वारा संपादित (लंदन: लटरवर्थ प्रेस, 1956), पेज 81."नया नियम उस बयान से बाहर अनुग्रह की कृपा की गवाही देता है, कि परमेंश्वर के पुत्र उस महिमा से जो उसके पिता के साथ संसार से भी पहले थी, मानव पीड़ा और शर्म की बहुत कम गहराई तक नीचे उतरा। इस नीचे उतरने को, 2 कुरन्थिंयों 8:9 में दर्शाया गया है। गर्भवती की तरह 'गरीब हो गया' और पापी मनुष्य के स्वरुप में पूरी तरह बदल गया, फिलिप्पियों 2:6-8 में अधिक विस्तार से बताया गया है। वचन 'देह बन गया' का अर्थ है कि, जिसने परमेंश्वर के तुल्य होते हुये भी उसने न सिर्फ मनुष्य का पापी स्वभाव, बल्कि खुद मनुष्य बन गया, यानी हमारा पापी स्वभाव सहित। यह कुलमिलाकर बयान से बाहर था- जिसे पौलुस σαρξ 'αμαρτιας कहता है (रोमा 8:9) - कि उसने पिता के प्रति अपनी पूर्ण आज्ञाकारिता को पूरा किया, 'सब बातों में हमारी तरह परखा तो गया, तौभी निष्पाप निकला'। 'देह बन गया' और 'गरीब बन गया' जिसे हम पूरी तरह तब तक बयान नहीं कर सकते जब तक कि हम वहाँ तक पहुँच नहीं जाते।" हमें हमारी पाप में गिरे हुये और दुषित मानवता के हृदय में उद्धार किया।.

विद्रोह और भ्रष्टता और विकृति में होने के बारे में बात करती है, तो वह देह शब्द का इस्तेमाल करती है।

परमेंश्वर के पुत्र ने मानव समीकरण में प्रवेश किया, जहाँ हम वास्तव में सहभागी हैं, नाकि वहाँ जहाँ आदम अदन के बाग में पतन से पहले था, बल्कि पतन के बाद वाले, और इस तरह उसने मानव भ्रष्टता और अव्यवस्था, टूटे पन में और रोगों में प्रवेश किया। उसने एकमात्र उपलब्ध मानव अस्तित्व (पाप में गिरे मानव अस्तित्व) में प्रवेश किया।

क्या आपने कभी उसके बारे में सोचा है? मुझे हमेंशा सिखाया गया था कि मानव जाति भ्रष्ट है, "पूरी तरह से भ्रष्ट है।" यह एक बहुत ठोस बयान हो सकता है या फिर उतना ठोस नहीं। पर मानव अस्तित्व की स्थिति और उसकी भ्रष्टता की गहराई के बारे में जो कुछ भी कहा जाए, देहधारण का चौंका देने वाला सच यह है कि उसी में परमेंश्वर के पुत्र ने प्रवेश किया।

स्कॉटलैंड के टी. एफ. टॉरेंस इस महत्व को किसी भी इस सदी के लेखक से ज्यादा जानते हैं। वे कहते हैं:

> शायद सबसे बुनियादी सच्चाई जो हमें मसीही चर्च में सीखनी है, या यों कहें कि हमें इसे दोबारा सीखना चाहिये क्योंकि हमने इसे दबाकर रखा है, वह यह है कि देहधारण का अर्थ है परमेंश्वर का पाप तथा भ्रष्टता से युक्त मानवता के बीच आना, ताकि उसे बचा सके। कहने का तात्पर्य यह है कि, देहधारण को इस तरह से समझा जाये कि परमेंश्वर का आना - हमारे पाप में *गिरे* मानव स्वभाव, *पाप* और *अपराधबोध* से लदी हमारी वास्तविक मानव अस्तित्व, मन और आत्मा में रोगग्रस्त हमारी मानवजाति जो सृष्टिकर्ता से अलगाव या मनमुटाव को महसूस करती हैं उसे अपने ऊपर लेने के लिए।[19]

19 थॉमसा एफ. टॉरेंस, द मेंडियेशन ऑफ क्राइस्ट (ग्रैंड रैपिड्स: विलियम बी. एर्डमैन्स पब्लिशिंग कंपनी, 1983), पीपी. 48-49 सेंट अथानासियुस की टिप्पणी की तुलना करें जो प्रारंभिक चर्च फादर्स की विशिष्टता है: "जैसा कि, एक तरफ, हम पाप और अभिशाप से मुक्त नहीं हो सकते थे, जब तक कि देह और स्वरुप, जिसे वचन ने अपने ऊपर ले लिया जो वास्तव में हमारा था (क्योंकि हमें उसके किसी भी अनजान स्वरुप की धारणा में कोई दिलचस्पी नहीं लेनी थी); इसी प्रकार मनुष्य भी परमेंश्वरीय स्वरुप से एक नहीं हो सकता था, जब तक कि वह वचन, जो देह बना, तत्व और स्वरुप में, परमेंश्वर का वचन और पुत्र नहीं होता। क्योंकि हमारे प्रभु के देहधारण का

मैं यह नहीं कह रहा की यीशु मसीह पापी बन गया या जिस मानव अस्तित्व में उसने प्रवेश किया था उससे दूषित हो गया। कहने का तात्पर्य यह है कि उसने निश्चित हमारी वास्तविक स्थिति में प्रवेश किया। यदि उसने नहीं किया होता, तो हम उस उड़न तबकड़ी के दृष्टांत में वापस आ गए हैं। तो फिर उसका कार्य हमारी समझ से बाहर है। और इसका *हम* पर कोई वास्तविक प्रभाव नहीं पड़ेगा।

एक ढह गई खदान में फँसे लोगों के समूह के बारे में सोचें। और मान लीजिए कि बचाव दल केवल सतह पर से ही कार्यवाही कर रहे हैं और वास्तव में कभी खदान में नहीं उतरते। इसका क्या लाभ होगा? वहाँ कोई बचाव कार्य नहीं होगा। खदान में फंसे लोगों तक मदद नहीं पहुंच पायेगी। पर इसके विपरीत सोचें तो, मान लीजिए कि बचाव दल खदान में उतरता है, पर सतह पर मौजूद चालक दल से संपर्क खो देता है। उस स्थिति में वे भी खो जाएंगे।

यह आवश्यक है कि हम सत्य के दोनों पक्ष को पकड़े रहें। यदि यीशु स्वयं, पिता का प्रिय पुत्र, जो आत्मा में पिता के साथ संगति में रहता है, अपना अस्तित्व खो दे, तो सब कुछ खतम हो जाता है, क्योंकि उसके पास हमारे पास आने पर हमें देने के लिए कुछ भी नहीं होगा। दूसरी ओर, यदि वह अपने पुत्रत्व को अपने पिता के साथ जीता तो है, पर आदम की देह में नहीं, तो उसका पुत्रत्व हम तक नहीं पहुंचेगा;[20] त्रिएक के जीवन का नृत्य हमारे सिर के ऊपर से चला जायेगा।

जब हम यूहन्ना और पौलुस और आरंभिक कलीसिया के साथ यह देखते हैं कि देहधारण एक वास्तविक देहधारण था, कि परमेंश्वर का पुत्र अपने पिता के साथ अपनी संगति से अलग हुये बिना देह बना, तब हमारा एक विरोधाभास के साथ सामना होता है जो हमें मसीह के कार्य की सच्चाई देखने की अनुमति देता है। यीशु मसीह में, दो चीज़ों के बीच एक मिलाप बुना गया है जो ऐसे एक साथ नहीं चलते। एक तरफ, आपके पास परमेंश्वर का त्रिएक जीवन है, जिसमें आमने-

यही उद्देश्य और अंत था, कि वह जो स्वभाव से मनुष्य है, उसमें शामिल हो जाएं, जो कि स्वभाव से परमेंश्वर है, ताकि मनुष्य अपने उद्धार और परमेंश्वर के साथ उसके विफलता या कमतर्ता के भय के बिना उसके मिलन का आनंद ले सकें। , "सेंट अथानासियुस के व्याख्यान (लंदन: ग्रिफ़िथ, फर्रान, ओकेडेन और वेल्श), III 70. क्राइस्ट की हमारे पाप में गिरने की मानवीय धारणा के विद्वतापूर्ण उपचार के लिए, थॉमस जी. वेनैंडी, इन द लाइकनेस ऑफ सिनफुल फ्लेश (एडिनबर्ग: टी एंड टी क्लार्क, 1993) और हैरी जॉनसन, द ह्यूमैनिटी ऑफ द सेवियर (लंदन: द एपवर्थ प्रेस, 1962) देखें।

20 "सिर्फ यदि यीशु आदम की पाप में गिरी जाति के साथ एक मानवता को अपनाता है, तो उसकी मृत्यु और पुनरुत्थान उस मानवता की चँगाई और उद्धार कर सकती है" (थॉमस जी. वेनैंडी, इन द लाइकनेस ऑफ सिनफुल फ्लेश, एडिनबर्ग: टी एंड टी क्लार्क, 1993), पेज 28

सामने की संगति और पवित्रता और परिपूर्णता और आनंद और सत्यता और अखंडता है। तो दूसरी तरफ, मानवीय अस्तित्व उसके डर के वजह से छुपने में, बिखरे हुये, भ्रष्टता, बीमारी और विकृति में है। देहधारण का मतलब है कि ये दोनों दुनिया एक हो चुकी है।

यीशु मसीह में, पिता, पुत्र और आत्मा की आनंद से भरी संगति, त्रिएक की परिपुर्णता और पवित्रता, भयभीत और लज्जित और झाडियों में छिपे आदम से मिलती हैं। पर यह कैसे संभव है? यह कैसे संभव है कि परमेंश्वर का त्रिएक अस्तित्व और पाप में गिरे मनुष्य के बीच एकता है? यह कैसे संभव है कि परमेंश्वर की शांति पाप में गिरे मानव अस्तित्व के साथ मिले? त्रिएक का नृत्य वास्तव में मानव अव्यवस्था की अराजकता को कैसे छू सकता है और उसमें प्रवेश कैसे कर सकता है? एडवर्ड इरविंग के अनुसार, यह 'सभी विरोधाभासों में सबसे हिंसक' विरोधाभास है जो कैसे संभव हो सकता है?[21]

इसका उत्तर यह है कि यह संभव नहीं है। कुछ चुकाना होगा। कुछ बदलना होगा। जहाँ एक रूपांतरण, एक परिवर्तन, एक मौलिक पुनर्व्यवस्था-एक वास्तविक मेंल-मिलाप होने की जरुरत है। और यीशु के जीवन, मृत्यु और पुनरुत्थान में ठीक यही हुआ था। जिससे आदम और पाप में गिरे हुये मनुष्य का जैसा अस्तित्व बदल गया, परिवर्तित हो गया, मूल रूप से पुनर्वास हुआ, चंगा हुआ - क्रूस पर चढ़ाया गया और नया जन्म हुआ।

पिता, पुत्र और आत्मा की संगति का हमारी बिखरी हुयी और अलगाव की स्थिति में प्रवेश का मतलब त्रिएक का पतन नहीं है। इसका मतलब दैवियता का मलिन, अशुध्द या प्रदुषित हो जाना नहीं, या पिता, पुत्र और आत्मा की संगति पर किसी प्रकार के जहरीले संक्रमण से नहीं था। वैसे ही जैसे यीशु दूषित या कोढी ना हुआ जब उसने कोढ़ी को पास जाकर छुआ। टूटे हुए मानव अस्तित्व में पिता, पुत्र और आत्मा का "देह" में सहभागिता का प्रवेश, का अर्थ है “युद्ध”!

21 “क्योंकि देहधारण के उस कार्य में हम पापी, भ्रष्ट, पीड़ित मनुष्य के स्वरुप को परमेंश्वर के पापरहित स्वरुप के साथ मधुर और सामंजस्यपूर्ण एकता में प्रवेश करते हुए देखते हैं ... सभी अंतर्विरोधों में सबसे जबरदस्त मेंल मिलाप; और आशा, और आश्वासन का एक द्वार खुला, जिसे कोई भी सामर्थ कभी बंद नहीं कर पायेगी” द कलेक्टेड राइटिंग्स ऑफ एडवर्ड इरविंग, एड. जी. कार्लाइल द्वारा, वॉल्यूम 5 (अलेक्जेंडर स्ट्रहान, प्रकाशक, 1865), पेज 327-328, पेज 114-146 भी देखें।

लूका 2:52 में, बाइबिल कहती है कि यीशु परमेंश्वर और मनुष्य के साथ बुद्धि और डील-डौल दोनों में बढ़ता गया। यहाँ "बढ़ता गया" के लिए *प्रोकोप्टो* शब्द का इस्तेमाल किया गया है। इसका अर्थ है आगे बढ़ना, उन्नति करना, आकार देना। इस शब्द का प्राचीनकाल में एक लोहार द्वारा धातु को आकार देने का वर्णन करने के लिए इस्तेमाल किया जाता था।

यदि आपने कभी किसी लोहार को घोड़े की नाल पर हथौड़ा मारते देखा है, तो आपके पास *प्रोकोप्टो* की तस्वीर है। सबसे पहले, लोहार लाल-गर्म आग जलाता है। फिर वह एक लोहे की छड़ लेता है और उसे आग के बिचो-बीच झोंक देता है। जब छड़ आग की तरह लाल हो जाती है, तो लोहार अपने दस्ताने पहने हाथ से उसके ठंडे सिरे को पकड़कर, आग से निकालकर बड़े लोहे के टुकड़े पर रख देता है। और कुछ ही सेकंड में, वह एक साथ अपने शरीर की सारी ताकत लगा देता है और आश्चर्यजनक रुप से छड़ पर हथौड़े मारता है। कुछ समय के लिये वह काम को रोकने और साँस लेने छड़ को ठंडे पानी की बाल्टी में डाल देता है। कुछ ही पल में, छड़ दोबारा आग में डाली जाती है। इसमें शामिल प्रक्रिया-आग की तेज गर्मी, आदमी की ताकत, हथोडा मारने की आश्चर्यजनक शक्ती, सटीकता चौंकाने वाले हैं। धीरे-धीरे काम को अंजाम देते हुये बार-बार चक्र दोहराया जाता है। अंत में, आग और बार-बार जोरदार प्रहार की थकान, दर्द, पसीने और जख्मों द्वारा, घोड़े की नाल का आकार उभरने लगता है।

जब हम देहधारण को उसके वास्तविक सन्दर्भ में देखते हैं तो यह सबसे उत्तम तस्वीर होती है। क्योंकि यीशु मसीह में उसके जन्म से लेकर पुनरुत्थान तक यही हुआ। परमेंश्वर के पुत्र ने हमारे टूटे हुये, पाप में गिरे, त्यागे हुये मानव अस्तित्व में प्रवेश किया। उसने हमारी गिरी हुई दशा को अपने ऊपर ले लिया। [22] वह आदम के स्थान पर, इस्राएल के स्थान पर, हमारे स्थान पर खड़ा था, और उसने दृढ़ता से आदम होने का इनकार किया। इस्राएल होने का इनकार किया। हम जो हैं वह होने का इनकार किया।

उसने हमारी देह में, आदम की खाल में, अपना रास्ता बनाया। उसने पाप

22 जैसा कि थॉमस जी. वेनैंडी कहते हैं: "परमेंश्वर का अनंत पुत्र पाप और पतन द्वारा परिवर्तित मानवता की सीमाओं के भीतर कार्य करता है" (इन द लाइकनेस ऑफ सिनफुल फ्लेश, एडिनबर्ग: टी एंड टी क्लार्क, 1993), पेज 18

में गिरे मानव अस्तित्व में प्रवेश किया और दृढ़ता से उसमें "गिरने" से इनकार किया। कदम दर कदम, पल-पल, प्रहार दर प्रहार, आग और परीक्षा में, 33 साल के लहु, पसीने और आँसूओं द्वारा, क्रूस पर चढ़ने द्वारा, पवित्र आत्मा की सामर्थ में, उसने पाप में गिरी मानवता को बदल दिया जिसे उसने 'आदम के श्रापित वंश वृक्ष' से ग्रहण किया था। [23]

यही यीशु मसीह का प्रायश्चित का कार्य है। वह अपने पुत्रत्व को गिरे हुए आदम के गिरे हुए अस्तित्व में जी रहा था, और जो एक भयंकर गड़बड़ी थी। उसने अपने पुत्रत्व को आग और परीक्षा और आंसुओं में, [24] क्रूस पर मरने के लिये खुद के बलिदान की हद तक जिया। यीशु मसीह की मृत्यु क्रोध से भरे परमेंश्वर द्वारा दी गयी सजा नहीं है; यह पाप में गिरे आदम के साथ पुत्र की असली पहचान है, और आत्मा में पिता के साथ संगति में रहने वाले व्यक्ति के रूप में अपनी स्वयं की पहचान के प्रति विश्वासयोग्यता की सर्वोच्च प्रतिक्रिया है। क्योंकि सचमुच उसने हमारे बिखरे हुये और मनमुटाव और अकेलेपन में प्रवेश किया। उसने अपने स्वयं के अस्तित्व में हिंसक विरोधाभास को सहन किया, और इसे आदम की देह में कलवरी पर क्रूस पर मरकर आग और परीक्षा द्वारा हल किया। क्योंकि वह अपने पिता के साथ अपनी संगति को - *देहधारी* पुत्र के रूप में - आदम की देह को मौत के घाट उतारने के अलावा किसी दूसरे तरीके से नहीं जी सकता था।

यीशु मसीह की मृत्यु पिता और पुत्र के बीच के रिश्ते का अंत नहीं है; यह इसकी अंतिम जीत है। इसलिये मृत्यु देहधारी पुत्र का आदम के स्वरुप का होने का अंतिम और निर्णायक इनकार है। जैसे, यह आदम की देह का खतना, पापी व्यक्ति की मृत्यु, आदम के अस्तित्व का निर्णायक परिवर्तन, और पुन:निर्माण और पुनरुत्थान में पतन का अंत (प्रभाव शून्य) करना है। क्योंकि क्रूस के दूसरी ओर जो उभरता है वह ऐसा मनुष्य है, जो आदम के गिरे हुए वंश से उभरकर अब परमेंश्वर पिता के साथ पूरी तरह से सिद्ध है।

यीशु मसीह कोई दिव्य औजार नहीं है जिसे परमेंश्वर ने उठाया और थोड़ी

---

23 थॉमस जी. वेनंडी, इन द लाइकनेस ऑफ सिनफुल फ्लैश (एडिनबर्ग: टी एंड टी क्लार्क, 1993), पेज 28

24 इब्रानियों 5:8 देखें।

देर के लिए इस्तेमाल किया और दोबारा स्वर्गीय टूल बॉक्स में वापस रख दिया। न ही यीशु मात्र एक मुनीम है जो कानूनी बहीखाता संतुलित रखता है। यीशु मसीह जीवित प्रायश्चित है। आदम के पापमयी वंशज से, वह मनुष्य है जो पिता परमेंश्वर के पास योग्यता पा चुका है। वह आदम का वंशज जो पिता के साथ एक है, और उसके साथ एकता और संगति में रहता है, जिसे पिता द्वारा स्वीकारा और गले लगाया जाता है और जो उसके दाहिनी ओर विराजमान है। 33 वर्षों की आग और परीक्षा और सूली पर चढ़ाए जाने के द्वारा जो उभरता है, वह है आदम की संतान जो त्रिएक के महान नृत्य में वर्तमान और हमेंशा के लिए सम्पूर्ण और पूरी तरह से शामिल है। यह जीवित मिलन और परमेंश्वर के बीच संबंध एक ओर है और दूसरी ओर मानवता है, यही मसीह का प्रायश्चित कार्य है। यह मिलाप उद्धार है; यह वास्तविक है, सैद्धांतिक नहीं पर मेंल-मिलाप है।

बुराई के साम्राज्य के भीतर: यीशु एक विजेता है

पर अब हमें देहधारण को फिर से देखना होगा। हम अभी भी केवल देहधारण के अर्थ की सतह को खरोंच रहे हैं। परमेंश्वर का पुत्र यहाँ आया और आत्मा में अपने पिता के साथ अपना पुत्रत्व, अपनी संगति और जीवन बिताया। और देह*धारी* पुत्र के रूप में वर्तमान और हमेंशा के लिए इसे जारी रखता है। पर यह एक निश्चित संदर्भ, पतन के संदर्भ और इस प्रकार आदम के पाप की दशा में हुआ। अब हमें इसे इस नजरिये से देखना चाहिये कि यह सब दुष्ट के राज्य में हुआ।

अंधकार और झूठ के दायरे में हुआ। परमेंश्वर के पुत्र ने *हमारी* दुनिया में प्रवेश किया, उस दुनिया में जहाँ मानव जाति दुष्टता का शिकार हो गई थी और खुद को अपरिवर्तनीय रूप से दुष्ट के हाथों में सौंप दिया था। वह हमारे जैसा बना। उसने हमारा स्थान लिया, जहाँ बुराई और अंधकार और भ्रष्टाचार ने हमें चारों ओर से घेर लिया था और हमें पूरी तरह नाश करने की धमकी दे रहा था।

यीशु मसीह में, दो विरूध्द चीजे एक साथ आती हैं जो है पिता, पुत्र आत्मा की संगति और दुष्ट के राज्य के तहत हमारा अलगाव और बिखरा हुआ मानव

अस्तित्व। जब पिता, पुत्र और आत्मा की संगति, जीवन और महिमा अंधकार पर आक्रमण करते हैं, और दुश्मन के इलाके में डेरा बनाते हैं तब क्या होता है? क्या होता है जब पुत्र अपने पिता को आत्मा की संगति में जानता है जैसा कि वह हमेंशा से जानता था, पर वह अब आदम की देह से और दुष्ट के अधिकार के क्षेत्र से जानता है? क्या होता है जब पुत्र पवित्र आत्मा में चलता और रहता है, जैसा कि वह हमेंशा चलता और रहता आया है, पर अब दुष्ट के अंधाधुंध उत्पीड़न के दायरे में, मनुष्य रूप में आदम का सा जीवन जी रहा? क्या होता है हमारे अंधकार और अलगाव में, हमारे भ्रम और प्रलोभनों में जो मनुष्य के लिए आम हैं, अपनी सच्ची पहचान में बना रहता है – जो कि वो है – पिता का प्रिय और वफादार पुत्र जो आत्मा की संगति में रहता है उसके अलावा कुछ भी होने से इंकार करता है, तब क्या होता है?

जब वह दिन-ब-दिन बर्दाश्त से बाहर होने पर कहता है "नहीं! मैं नहीं करूँगा। मैं खुद को मनुष्य नहीं बनाउँगा। मैं अपने पिता को नहीं छोड़ूंगा। मैं जीवन के उस घेरे से बाहर नहीं जाऊंगा जिसे मैं आत्मा में उसके साथ सांझा करता हूँ। मैं अपने पिता से अपने पूरे मन, प्राण और बुद्धि और शक्ति से प्रेम करूँगा!" तब क्या होगा?

मानो 'पूरा अधोलोक टूट पड़ता है।' एक चौतरफा हमले में, दुष्ट उसके पास जो कुछ भी है उसे यीशु मसीह पर इस्तेमाल करता है। वह अपनी हर सूक्ष्म और जटिल और कायराना चाल का इस्तेमाल करता है। वह पिता, पुत्र और आत्मा की संगति को तुच्छ समझता है; वह चाहता है कि यह टूटकर अलग हो जाए और नष्ट हो जाए, इस ग्रह से हटा दिया जाए।

कुछ लोगों को लगता है कि यीशु की हमारी तरह परीक्षा नहीं हुयी थी, इसलिये उसके लिए यह आसान था और मूल रूप से परमेंश्वर के पुत्र के रूप में प्रकट हुआ और सब कुछ आसान था। सच तो यह है कि हम उस प्याले को कभी नहीं जान पाएंगे जो उसे पीना था। हम उस दर्द, पीड़ा को कभी नहीं जान पाएंगे जो उसने झेला। गतसमनी [25] में हमें यह दिखायी देता है, जब यीशु अपने मुँह के

---

25 मरकुस 14:32 देखें

बल, रोता हुआ पाया जाता है और खून के पसीने की बूंदें टपक रही हैं- दुःख, दर्द में, इन सब के बोझ के नीचे सहने की पीड़ा - जो हम गतसमनी में देखते हैं वह यीशु के जन्म से लेकर उसके भीतर होने वाले उतार-चढ़ाव की एक तस्वीर है। उसका पूरा जीवन युद्ध था: दबाव, भीतर और बाहर के प्रलोभन, संदेह और भ्रम और अंधकार के निरंतर हमले, निरंतर ताने, धार्मिक लोगों की ओर से कभी न खत्म होने वाली शर्मिंदगी, अपने सबसे अच्छे दोस्तों की कमजोरी और विश्वासघात।

देहधारण का अर्थ है कि उसने अपने पुत्रत्व को दुष्ट के राज्य में जिया। उसके जन्म से लेकर क्रूस तक, यह युद्ध था; "उसके दास का स्वरुप धारण करने से लेकर, उसके द्वारा छुटकारे की कीमत चुकाने की शुरूवात करने तक," केल्विन के शब्दों में।[26] पिता, पुत्र और आत्मा द्वारा सांझा किए गए जीवन के महान नृत्य ने अंधकार के राज्य में अधिकार स्थापित किया, और आग और परीक्षा द्वारा, 33 वर्षों तक, इसने पूरी छावनी में अपना काम किया। तथ्य यह है कि इस दौरान यीशु ने कभी भी अपने पिता को धोखा नहीं दिया; तथ्य यह है कि इन सब के द्वारा उसने कभी भी जीवन के चक्र से बाहर कदम नहीं रखा जो वह अपने पिता के साथ आत्मा में सांझा करता है; तथ्य यह है कि वह इस सब के बोझ तले दब गया, इसका मतलब है कि यीशु मसीह में एक ऐसा मनुष्य, आदम की पाप में जकड़ी हुयी स्थिति, बुराई के क्षेत्र से उभरता है, जो पूर्ण रुप से और पूरी तरह बुराई पर विजयी है।

दुष्ट अब पुनरुत्थित और स्वर्गारोहित पुत्र पर क्या दोष लगा सकता है, कि जो उसने न देखा हो और देखते हुये भी अपने पिता से प्रेम न किया हो? पुनरुत्थित यीशु मसीह ही मनुष्य के रूप में, आदम की संतान के रूप में परमेंश्वर का देहधारी पुत्र है, जो प्रलोभन और अंधकार और भ्रम की संभावना से उपर जी रहा है। वह आदम की संतान है जो विजयीता का जीवन जीता है, ज्योति में रहता है, जो अंधकार से नहीं डगमगाता। पिता और देह*धारी* और *स्वर्गारोहण* पुत्र द्वारा सांझा की गई आत्मा की संगति के घेरे में दुष्ट का पैर रखना भी असंभव है।

26 जॉन केल्विन, इनस्टिट्युट ऑफ क्रिश्यियन रिलिजस, द लायब्रेरी और क्रिश्चियन क्लासेस का वाल्युम XX, जॉन टी मैकनील द्वारा संपादित (फिलाडेल्फिया: द वेस्टमिंस्टर प्रेस), II.xvi.5।

वह अंधकार से परे, नृत्य की पूर्ण ज्योति में, वर्तमान और हमेंशा के लिए रहता है। यीशु विजयी है।

वाचा के भीतर : एक नई वाचा

पर हम अभी भी केवल देहधारण की सतह को खरोंच रहे हैं। एक और, तीसरा संदर्भ है जिसमें हमें त्रिएकत्व की संगति की पृष्टभुमि को देखना होगा। त्रिएक संगति न केवल आदम की देह में, न केवल दुष्ट के राज्य में, बल्कि परमेंश्वर और इस्राएल के बीच की वाचा में भी होती है। देहधारण का अर्थ है कि आत्मा में पिता और पुत्र के संबंध ने वाचा के मानवीय पक्ष में, इस्राएल के भीतर अधिकार स्थापित करने में और इस्राएल के रिश्तों में, परमेंश्वर की बुलाहट का उत्तर देने में इस्राएल की विफलता पर भी अधिकार किया है।

उत्पत्ति 3 में, परमेंश्वर आदम और हव्वा को बुलाता है, और वे झाड़ियों में छिपते हैं जो उसकी बुलाहट का उत्तर देने में असमर्थ हैं, आगे बढ़कर परमेंश्वर के साथ संगति करने में असमर्थ हैं। यह बुलावा इस्राएल के पूरे इतिहास में बिना उत्तर के गूंजता है। यह आपके और मेंरे जीवन भर बिना उत्तर के गूंजता रहता है। पर अब, उस बुलावे के मानवीय पक्ष में, हमारी विफलता में उत्तर देने, पिता का देहधारी पुत्र, प्रिय पुत्र मनुष्य के रूप में खड़ा है।

जैसे जैसे वह अपने पुत्रत्व को जी रहा है, वैसे वैसे वह उत्पत्ति 3 के बुलावे का उत्तर दे रहा है। वह वाचा को पूरा कर रहा है, वह बुलावे का वास्तविक उत्तर देने खुद को देह और रक्त के अस्तित्व में ढाल रहा है। कदम दर कदम, प्रहार दर प्रहार 33 वर्षों में और सूली पर चढ़ाए जाने द्वारा, वह अपने पूरे हृदय, प्राण, बुद्धि और सारी शक्ति के साथ पिता को उत्तर देता है। और वह आदम की विफलता, इस्राएल की विफलता, हमारी विफलता में भी उत्तर देता है।

देहधारण का क्या अर्थ है? इसका क्या अर्थ है कि परमेंश्वर के पुत्र ने एक मनुष्य के रूप में अपने पुत्रत्व का जीवन जिया? इसका क्या अर्थ है कि पिता, पुत्र और आत्मा की अनंत संगति ने अधिकार स्थापित किया है और पूरी तरह से मानव अस्तित्व में अपना मार्ग निकाला? इसका अर्थ यह है कि परमेंश्वर और

इस्राएल के बीच वाचा का संबंध, अंत में, पूरा होने जा रहा है। और इससे भी बढ़कर, इसका अर्थ यह है कि वाचा का जो संबंध जिससे पूरा हुआ वह पिता, पुत्र और आत्मा के संबंध से कुछ कम नहीं है। [27] महान नृत्य अब अपने आप में परमेंश्वर और इस्राएल के बीच और इस्राएल में, मानव जाती सहित वाचा की संतुष्टी है।[28] यह सिद्धांत नहीं है। यीशु मसीह पिता के दाहिने हाथ पर मनुष्य के रूप में, आदम की संतान के रूप में, इस्राएल के रूप में, वाचा के मनुष्य के रूप में जा बैठा, और वह वर्तमान और हमेंशा के लिए आत्मा में पिता के साथ वाचा की विश्वासयोग्यता और वाचा की संगति में रहता है। वह परमेंश्वर और मानवता के बीच नई वाचा है, जो मानव अस्तित्व में ढाली गयी है और हमेंशा के लिए बनी हुई है।[29]

गुम कड़ी: मेंल के तौर पर देहधारण

पर हम अभी भी केवल देहधारण के अर्थ की सतह को ही खरोंच रहे हैं। जब परमेंश्वर का पुत्र मनुष्य बना और मनुष्य के रूप में अपने पुत्रत्व का जीवन जिया, आदम का अस्तित्व क्रूस पर चढ़ाया गया और फिर से जन्म लिया गया और त्रिएक के चक्र में ऊंचा किया गया, बुराई के बंधन पर विजय पायी, और नई वाचा मानव अस्तित्व में ढाली गई। पर यदि हम यहीं रुक जाते हैं, तब भी हमारे पास कोई सुसमाचार नहीं है। अब तक, हम अभी भी बाहर से देख रहे हैं। हम अभी तक केवल दर्शक हैं। यदि हम यहाँ रुकते हैं, तो हमारे पास मसीही धर्म के नाम पर केवल "यीशु के लिए जयजयकार" के प्रकार की मसीहियत ही है। यीशु के लिए हुर्रे, उसने कर दिखाया। वह इस सब से गुजर चुका है और अब त्रिएक के घेरे में रहता है। वह एक नया मनुष्य है। वह विजेता है। वह पूरी तरह से, बिना किसी बाधा के, वाचा की संगति में भाग लेता है। यीशु की महिमा हो। पर हमारा क्या? बस इतना ही? क्या आग और परीक्षा से यही बाहर निकाला गया था ताकि हमारे

27 टी.एफ. टॉरेंस की टिप्पणी पर गौर करें, "...यीशु मसीह में परमेंश्वर की वाचा की विश्वासयोग्यता को पूरा किया गया और हमारी मानवता में एक वाचा की विश्वासयोग्यता के द्वारा उत्तर दिया गया है, ताकि वह दिव्य-मानवीय विश्वासयोग्यता वाचा की सामग्री और तत्व का निर्माण करे जो कि एक नई वाचा है। इस प्रकार वाचा का संबंध अब पुत्र और पिता के बीच संबंध या सहभागिता से भर गया है, और यह उस सहभागिता में है जिसे हमें आत्मा द्वारा सांझा करने के लिए दिया गया है" (कॉनफ्लिक्ट एन्ड एग्रीमेंन्ट इन द चर्च, [लंदन: लटरवर्थ प्रेस, 1960], खंड 2, पीपी. 122-123.

28 यशायाह 42:6 देखें

29 इब्रानियों 8-10 देखें

पास अनुसरण के लिए एक महान उदाहरण हो? क्या बाइबिल हमें यह सोचते हुये यीशु के स्वर्गारोहण को घूरते हुए छोड़ देती है कि हम यीशु का अनुकरण कैसे करेंगे? या देहधारण के बारे में अभी एक गुम कड़ी खोजना बाकी है?

अब तक, मैंने देहधारण के बारे में पुत्र के नजरीये से चर्चा की है जो मानव अस्तित्व में अपने पुत्रत्व को जीता है। परन्तु यह पुत्र न केवल पिता को जानता है और आत्मा की बहुतायत की संगति में उसके साथ सब कुछ सांझा करता है —परमेंश्वर का यह पुत्र सृष्टी का निर्माणकर्ता भी है। यह वही है जिसमें और जिसके द्वारा सभी वस्तुओं की रचना हुई है।

याद रखें कि परमेंश्वर पिता, पुत्र और आत्मा है। ऐसा कोई समय नहीं था जब परमेंश्वर अकेला था। परमेंश्वर हमेंशा से त्रिएकता में रहा है। परमेंश्वर के बारे में ऐसा कभी कोई विचार नहीं था जो त्रिएक विचार नहीं था। और परमेंश्वर का कभी ऐसा कोई कार्य नहीं था जो पिता, पुत्र और आत्मा का कार्य न हो। पिता कभी भी पुत्र और आत्मा के पीठ पीछे कार्य नहीं करता। पिता के पास "अपना निजी" कहने के लिये भी कुछ नहीं होता। वह मसीह के बिना और उसकी भागीदारी के बिना, उसके पीठ पीछे सृष्टी की रचना नहीं करता है। सृष्टि पिता, पुत्र और आत्मा का कार्य है।

नया नियम काफी स्पष्ट है कि सभी चीजें परमेंश्वर द्वारा सिर्फ रची ही नहीं गयी थीं, पर उसी में, उसी के द्वारा और पुत्र की ओर से रची गयी। कुछ भी, यूहन्ना प्रभावी रीति कहता है, *एक चीज भी ऐसी नहीं*, जो पुत्र के बिना रची गयी थी। उसी में, उसी के द्वारा और उसी की ओर से सृष्टी रची गयी, उसी में सभी चीजें मौजूद हैं, और एक साथ जुड़ी रहती हैं। [30] और इसका मतलब है कि परमेंश्वर के अनंत पुत्र और सभी चीजों के बीच एक संबंध है। परमेंश्वर के अनंत पुत्र और हर मनुष्य के बीच एक संबंध है।

मैंने जोर देकर कहा है कि जब परमेंश्वर का पुत्र मनुष्य बना, तो उसने अपने पिता को नहीं छोड़ा था। ना ही पिता, पुत्र और आत्मा की संगति इस प्रक्रिया में टूट गई या खो गई थी। यीशु मनुष्य बना तब भी वह परमेंश्वर पुत्र था। इसी तरह,

30 यूहन्ना 1:1-3; इब्रानियों 1:1-3 और कुलुस्सियों 1:16 देखें

हमें अब यह भी समझना होगा कि जब पुत्र मनुष्य बना, तो उसने इस बात का भी इनकार नहीं किया की उसी में और उसी के द्वारा सबकुछ अस्तित्व में है। जब वह एक मनुष्य बना तब परमेंश्वर के पुत्र, सारे जगत, सारी सृष्टी और मानव जाति के बीच संबंध अचानक भांप बनकर उड़ नहीं गया।

जब परमेंश्वर पुत्र ने अनंतता से निकलकर इतिहास में कदम रखा, तो उसमें और मानव जाति के बीच संबंध टूटा नहीं था; पर इसे कड़ा, सख्त, मज़बूत और सुरक्षित बनाया गया था। इसका मतलब है कि यीशु मसीह न सिर्फ एक वास्तविक मनुष्य, या एक व्यक्तिगत इंसान है, पर इससे भी अधिक है। वह एक *ऐसा मनुष्य* है, जिसमें पूरी मानव जाति समा जाती है।

इसलिए यीशु मसीह का इतिहास सिर्फ मानव इतिहास में महत्वपूर्ण घटनाओं में से कोई एक और घटना नहीं है। पर यीशु मसीह का इतिहास सभी घटनाओं की *एक* घटना है। यह सभी पलों का *एक* पल है। इस परमेंश्वर में क्या होता है, इस पुत्र में क्या होता है उसी में और उसी के द्वारा और उसी की ओर से सबकुछ है, जो आपके, मेंरे और पूरी मानव जाति के लिये, और वास्तव में सारे जगत के लिए मौलिक और निर्णायक महत्व रखता है। भला हो या बुरा हो, इस के साथ जो होता है, वही हमारे साथ होता है। भला हो या बुरा हो, *उसका* जो होगा वहीं मानव जाति का होगा।

यदि *वह* नीचे चला जाता है, तो पूरा जगत नीचे चला जाता है। यदि *वह* मर जाता है, तो हम मर जाते हैं। और बिल्कुल वही हुआ। देहधारण किये पुत्र की मृत्यु हुई, और उसकी मृत्यु में आदम की मृत्यु हुई, उस पुराने व्यक्ति की मृत्यु हुई, [31] आपकी मृत्यु हुई, हमारी मृत्यु हुई। [32] इसलिये यहाँ न सिर्फ एक मनुष्य क्रूस पर मरा। पर वह देहधारी पुत्र था, जिसमें सभी चीजें अस्तित्व में है। वह क्रूस पर चढ़ाया गया, और उसके क्रूस पर चढ़ाये जाने के दौरान आदम, आपको, मुझे और पूरी मानव जाति को क्रूस पर चढ़ाया गया था। परमेंश्वर ने यीशु मसीह में न सिर्फ *हमारे लिए* कुछ किया, पर परमेंश्वर ने *हमें* और *हमारे साथ* कुछ किया। यीशु में, इस देहधारी पुत्र में, परमेंश्वर हम सभी पर काम कर रहा था, हमें में कुछ कर

31 रोमियो 6:6 देखें

32 2 कुरिन्थियों 5:14 देखें

रहा था, हमें कुछ बना रहा था।

यदि मानव जाति केवल एक आदम नाम के व्यक्ति में गिर गई, तो परमेंश्वर के पुत्र की मृत्यु, पुनरुत्थान और स्वर्गारोहण में मानव जाति का क्या हुआ? इस पूरी योजना में आदम को ऐसा बड़ा दर्जा देने की कलीसिया को इतनी जल्दबाजी क्यों? और यीशु मसीह की आश्चर्यजनक महानता की पहचान करने में काफी धीमी होती है? क्या देहधारी पुत्र आदम से कम है? क्या यीशु मसीह मानव अस्तित्व में किसी हकीकत से कम है? आदम सिर्फ एक मनुष्य है, परमेंश्वर के देहधारी पुत्र की तुलना में एक छाया मात्र है। यदि हम आदम में मरते हैं, तो निश्चित ही हम मसीह में भी मरते जाते हैं। पर यह सिर्फ कहानी की शुरवात है। देहधारी पुत्र की न केवल मृत्यु हुई, पर वह जी उठा। उसके पुनरुत्थान में हमारे साथ क्या हुआ? जब यह पुत्र जी उठा, तो क्या उसने हमें कब्र में छोड़ दिया? क्या उसने आदम को पीछे छोड़ दिया? क्या उसने आपको, मुझे और मानव जाति को कब्र में छोड़ दिया? पतरस ने कहा, "हमारे प्रभु यीशु मसीह के परमेंश्वर और पिता का धन्यवाद हो, जिसने यीशु मसीह के जी उठने के द्वारा अपनी बड़ी दया से हमें जीवित आशा के लिये नया जन्म दिया।"[33]

जब यह पुत्र मर गया, तो हम भी मर गये। और जब यह पुत्र कब्र से बाहर आया, तो मानव जाति उसके साथ बाहर आयी, नए जीवन में बदल गयी और आत्मा में एक जीवित आशा में नया जन्म हुआ। और जब यह पुत्र पिता के पास उपर पहुँचा, तो वह पूरी मानव जाति को अपने साथ ले गया। [34] और तब वहाँ पिता द्वारा मानव जाति का स्वागत किया गया, स्वीकारा गया, गले लगाया गया, महान नृत्य में शामिल किया गया।

कुछ समय पहले मैं यीशु मसीह और मानव जाति के बीच इस संबंध पर पढ़ा रहा था, और जब मैं पढ़ा चुका, तब एक जवान लड़की गलियारे में रो रही थी। मैंने पहले सोचा कि क्या मैंने ऐसा कुछ कहा था जिससे उसके दिल को चोट पहुँची थी। मैंने उससे पूछा कि कहीं कुछ बुरा तो नहीं लगा। उसने कहा:

> कुछ भी बुरा नहीं लगा, क्रुगर महाशय। जब आप अपनी

33 1 पतरस 1:3 देखें

34 ईफिसियों 2:4-7 देखें

> कहानी बता रहे थे, तो परमेंश्वर ने मुझे एक दर्शन दिया। मैंने परमेंश्वर को एक सिंहासन पर बैठे देखा, और वहाँ सीढ़ियां थी जो उसके सिंहासन की ओर जा रही थी। और सीढ़ियों पर सैकड़ों लोग थे। हम सभी परमेंश्वर तक पहुँचने की कोशिश कर रहे थे, पर हम में से कोई भी कामयाब नहीं हो पा रहा था। हम लगातार गिर रहे थे, और परमेंश्वर तक पहुँच नहीं पा रहे थे, और हम सभी दुखी थे। और फिर मैंने यीशु को देखा। यीशु वहाँ आया और हम सभी को अपनी बाहों में उठाया और वह उन सीढ़ियों पर चलते हुये वहाँ पहुँचा और हमें पिता की गोद में डाल दिया। यह सुसमाचार पहेली का खोया हुआ भाग है, जो देहधारण और स्वर्गारोहण का पूरा अर्थ है।

सुसमाचार आपको स्वर्ग की ओर घूरते हुये इस उलझन में नहीं छोड़ता कि आप यीशु की तरह कैसे कर पाओगे। सुसमाचार अब आपको यह पता लगाने के लिये अकेला नहीं छोड़ देता है कि आपका मानव अस्तित्व कैसे परिवर्तित होगा, आप दुष्ट पर विजयी कैसे पाओगे, आप उस नई वाचा की संगति के सदस्य कैसे बनोगे जो यीशु की अपने पिता के साथ है। सुसमाचार यह खबर है कि यीशु मसीह ने इसे पूरा कर दिया है।

सुसमाचार कोई निमंत्रण नहीं है। सुसमाचार सत्य की एक घोषणा है। यह हमें घोषणा करता है कि यीशु में हमें दोबारा रचा गया है और हमें यीशु मसीह में दुष्ट से बचाया गया है, और यीशु मसीह में पिता के साथ हमें एक नया रिश्ता दिया गया है। सुसमाचार हमें घोषणा करता है की देहावतार, जीवन, मृत्यु, पुनरुत्थान और परमेंश्वर के पुत्र के स्वर्गारोहण में, हमें नीचे ले जाकर हमारी सारी अज्ञानता को साफ किया गया; हमें शुद्ध किया गया, पुनर्रचना की गयी, नया जन्म मिला और हमें पिता, पुत्र और आत्मा द्वारा साझा किए गए जीवन के चक्र में उठाकर परमेंश्वर के महान नृत्य में शामिल किया गया। क्योंकि यह कोई साधारण व्यक्ति नहीं था जो मरा और फिर जी उठा और स्वर्ग तक पहुँचा। यह परमेंश्वर का देहधारी पुत्र था, जिसमें और जिसके द्वारा और जिसकी ओर से सबकुछ अस्तित्व में है।

3

नदी जो सब में होकर बहती है

त्रिएक और मानव जीवन का रहस्य

मसीही धर्म की केंद्रीय पुष्टि यह घोषणा करती है कि परमेंश्वर ने स्वयं हमारी मानवीय स्थिति में प्रवेश किया है और ऐसा करते हुए इसे पूरी तरह से बदल दिया है। — ए.एम. ऑलचिन [35]

मैं मसीहियत में विश्वास वैसे ही करता हूँ जैसे मैं सूर्य उदय पर विश्वास करता हूँ, न केवल इसलिए कि मैं इसे देख सकता हूँ, बल्कि इसलिए कि इसके द्वारा मैं बाकी सब कुछ देख पाता हूँ। — सी. एस. लुईस [36]

हम इस तथ्य को कैसे समझे कि यीशु मसीह सर्वशक्तिमान पिता परमेंश्वर के दाहिने हाथ विराजमान है? हमें इस तथ्य को कैसे समझना चाहिये कि वह पिता के दाहिनी ओर, वर्तमान और हमेंशा के लिए बैठा है, न केवल परमेंश्वर के पुत्र के रूप में, बल्कि देहधारी परमेंश्वरपुत्र के रूप में, और एक मनुष्य के रूप में? हमें इस तथ्य को कैसे समझना चाहिये कि वह केवल एक मनुष्य के रूप में नहीं, *बल्कि* मनुष्य के रूप में और अंतिम आदम के रूप में बैठा है, जिसमें पूरी मानव जाति बंधी हुई है? हम इस तथ्य को कैसे समझना चाहिये कि उसने हमें पहले ही महान नृत्य में शामिल कर लिया है?

---

35 ए.एम. ऑलचिन, *पार्टिसिपेशन इन गॉड: ए फॉरगॉटन स्टैंड इन एंग्लिकन ट्रेडिशन* (लंदन: डार्टमन, लोंगमैन एंड टॉड, 1988), पेज 1

36 सी.एस. लुईस, "इस थियोलौजि पोयट्री?" *द वेट ऑफ़ ग्लोरी एंड अदर एड्रेसेस में* (न्यूयॉर्क: साइमन एंड शूस्टर, ए टचस्टोन बुक, 1996), पेज 106

जगत की ज्योति

यूहन्ना के सुसमाचार में, यीशु ने घोषणा की: कि "जगत की ज्योति मैं हूँ।"[37] वह यह नहीं कहता है, "जब लोग अंत में मेंरे पीछे चलने का निर्णय लेंगे, तब मैं जगत की ज्योति बनूँगा" या "मैं जगत की ज्योति तब बनूँगा जब लोग अंत में अपनी धार्मिकता ठीक कर लेंगे" या "जब कलीसिया अपना काम करेगी और जगत को परिवर्तित कर लेगी। " वह कहता है, "*मैं* जगत की ज्योति हूँ।" यह भविष्य में किसी दिन पूरी होने वाली कोई भविष्यवाणी या आयोजन नहीं है। यह कोई निमंत्रण भी नहीं है। यह एक सीधी-साधी घोषणा है। जिस बुनियाद पर यीशु कहता है, वह यह है कि उसने कुछ ऐसा किया है जिसने दुनिया को बदल दिया। हमारे परामर्श या सहमति के अलावा, परमेंश्वर के पुत्र ने मानव जाति को थाम लिया और निर्णायक रूप से इसकी पहचान और अस्तित्व को बदल दिया। उसने हमें अपनी मृत्यु में नीचे ले लिया। और आदम को, आपको, मुझे और मानव जाति को क्रूस पर चढ़ा दिया, हमें सारी अज्ञानता से शुद्ध किया और हमें अपने पिता के लिये बदल दिया। उसने हमें अपने पुनरुत्थान में ऊपर उठाया, हमें नया जीवन दिया, नया जन्म दिया - पवित्र आत्मा में हमारी पुनर्रचना की। उसने हमें अपने स्वर्गारोहण में ऊंचा किया और हमें त्रिएक परमेंश्वर के जीवन और संगति और आनंद और महिमा के घेरे में घर ले गया। इसलिए, यीशु खुद को एक सिद्धांत के रूप में, एक मात्र संभावना के रूप में, मानव सत्य के विकल्प के रूप में प्रस्तुत नहीं करता है: वह खुद को हमारे जाति के लिए सत्य के विकल्प की एक श्रृंखला के बीच एक और जीवन की ज्योति के रूप में, रहस्य के रूप में, मानव अस्तित्व के राज के रूप में प्रस्तुत करता है।

जब यीशु ने घोषणा की, "जगत की ज्योति मैं हूँ," तो वह अभिमानी नहीं है, और ना ही निश्चित रूप से अलग है। वह हमें बता रहा है कि वह पहले ही कर चुका है, कि उसने हमें पहले ही घेरे में खींच लिया है। वह हमें बता रहा है कि उसने हमें पहले से ही महान नृत्य में शामिल कर लिया है। इसलिए, हमारा समावेश एक ऐसा लक्ष्य नहीं है जिसे हमें अब हासिल करना है, या पाना है, या सत्य में

37 यूहन्ना 8:12 देखें।

बदलना है। यही सत्य है। और इस तरह, यह सबसे बड़ा सुराग है कि हम कौन हैं और वास्तव में हमारे जीवन में क्या हो रहा है।

तथ्य यह है कि यीशु मसीह जो वह है, वह है; और उसने हमारे लिए और हमारे साथ जो किया है, वह किया है, इसका मतलब है कि आपके जीवन में पहले से कहीं ज्यादा ऐसा कुछ हो रहा है जो आपने कभी सोचा भी न था। इसका मतलब है कि हमारे बारे में पहले से ही महान नृत्य में बहुत कुछ है जो हमने कभी सोचा भी न था। नहीं तो यह कैसे हो सकता है? यदि वह त्रिएक के जीवन में भाग लेता है, और हम उसमें शामिल हैं, तो यह असंभव है कि वह जीवन हमारे जीवन से अनुपस्थित रहे।

यीशु वहाँ किसी खगोलीय पवित्र मंदिर में नहीं है जो इस बात का इंतजार कर रहा है कि हम कब सही रास्ते पर आयेंगे। उसने स्थान खाली करके हमें अनाथ नहीं छोड़ दिया, और अपने पारिवारिक जीवन के दायरे से बाहर नहीं किया।[38] वह गैर हाजिर नहीं पर हाजिर है। और जो हाजिर है वह देहधारी पुत्र है, जो आत्मा की संगति में अपने पिता के साथ सारा जीवन और सारी महिमा और सारी परिपूर्णता और सारे आनन्द को सांझा करता है। जो हाजिर है वह देहधारी पुत्र है, एक नया मनुष्य जो पिता के आमने सामने है; एक विजेता, जो बुराई और अंधकार से परे रहता है; वाचा का मनुष्य, जो पिता के साथ बिना रुकावट की संगति में रहता है।

सृष्टी में कार्यरत रहस्य, जीवन की ज्योति और राज, [39] यह है कि यीशु मसीह पहले से ही अपने जीवन को हमारे साथ सांझा कर रहा है। आपके और मेंरे जीवन में पहले से ही महान नृत्य चल रहा है। पूरी नम्रता और अनुग्रह के साथ, यीशु मसीह पहले से ही अपने आनंद, अपनी संगति, अपनी स्वतंत्रता को हमारे साथ सांझा कर रहा है। वह पहले से ही अपनी महिमा और परिपूर्णता और बोझ हमारे साथ सांझा कर रहा है। पूरी नम्रता और अनुग्रह के साथ, वह पहले से ही अपनी रचनात्मकता, अपना ज्ञान, अपनी रुचियों और शुद्ध विवेक और अपने प्रेम को हमारे साथ सांझा कर रहा है। यह सिद्धांत या कोई सपना नहीं है,

38 यूहन्ना 14:18 देखें
39 कुलुस्सियों 1:27 देखें

यह जीवन की ज्योति है, हमारे अस्तित्व का रहस्य है, चीजों का मूल सत्य है। हमारा काम उन चीजो पर पुनर्विचार करना – अपने और इसके बारे में – जो हमें लगता था हमें पता है – और जो मानव जीवन में हो रहा है। क्योंकि हमें एक अद्भुत तोहफा दिया गया है।

मानव जीवन का रहस्य

अभी उस दिन, मैंने एक दादी को अपनी पोती को गोद में लिए देखा। वह मॉल के एक रेस्टोरेंट में खड़ी थी। जैसे वह उस बच्चे को देख रही थी मैंने उसकी आँखों में, प्रेम और आनंद, कोमलता और प्रतिबद्धता को देखा। मैंने आशाएं, सपने, इच्छाएं देखीं। मैंने हँसी देखी। मैंने मन में सोचा। “क्या यह सब उस दादी से आता है? क्या वही उस प्रेम, उस आनंद, उस कोमलता, उस प्रतिबद्धता को जन्म देती है? क्या उसका स्रोत उसका हृदय है? क्या यह मात्र मानवीय घटना है, मात्र मानवीय प्रेम है? नहीं, *यह* त्रिएक का महान नृत्य है जो हमारे भीतर काम कर रहा है, जो हाजिर है ना कि गैर हाजिर।”

इस सृष्टी में प्रेम का केवल एक ही चक्र है, जीवन, संगति, जुनून, कोमलता और प्रतिबद्धता का सिर्फ एक ही चक्र है। और वह चक्र यीशु मसीह में खोल दिया गया है, और उस दादी और उस बच्चे सहित मानव जाति को इसमें शामिल किया गया है। उसके जीवन में उसकी कल्पना से भी कहीं अधिक हो रहा है। सबसे अधिक संभावना यह है, कि जो हो रहा है वह इस बात से अनजान है। और ज्यादा संभावना यह है कि वह यही सोचती है कि यह सब सिर्फ मानवीय है। पर यह “सिर्फ मानवीय” नहीं है। यह पिता, पुत्र और आत्मा की संगति, आनंद और जीवन है जिसका प्रदर्शन उसकी पोती के साथ उसके रिश्ते में किया जा रहा है।

मेंरी एक मित्र ने मुझे बताया कि उसका चर्च आत्मिक वरदानों का अध्ययन कर रहा है। उसने कहा कि प्रचारक ने सभी वरदानों की सूची बनाकर सभी को भरने के लिए एक फॉर्म दिया जिससे उन्हें यह समझने में मदद मिलेगी कि उन्हें कौनसे वरदान मिले हैं। उसने मेंरी तरफ देखते हुये कहा, “बॅक्सटर, आखिरकार मैं इस नतीजे पर पहुँची हूँ कि मेंरे पास कोई आत्मिक वरदान नहीं

है।" मैं चौंक गया। क्योंकि मैं यह स्पष्ट जानता था कि वह सबसे बड़े आत्मिक वरदान द्वारा आशिषित है, और मैंने उससे यही कहा। मैंने उससे कहा कि उसके पास खातिरदारी का वरदान है। मैंने उसे बताया कि कैसे कार्यालय परिसर में आने वाला हर व्यक्ति सीधे उसकी मेंज पर जाता है और उससे बातचीत करता है। हर कोई उसकी ओर आकर्षित होता है। और मैंने उससे कहा कि इसमें कोई संदेह नहीं कि मेंरी उसके साथ हुई हर बातचीत ने मुझे उत्साहित और प्रोत्साहित किया है। वह थोड़ी शर्मिंदा हुई और बोली, "ठीक है, मुझे यह पता है, पर वह तो सिर्फ मैं ही हूँ।" और मैंने उससे कहा, "नहीं, यह सिर्फ तुम नहीं हो। इस सृष्टी में खातिरदारी का सिर्फ एक ही चक्र है और वह है पिता, पुत्र और आत्मा का चक्र। पिता, पुत्र और आत्मा के रिश्तों में हर खातिरदारी, सभी का स्वागत और प्रोत्साहन और भाई-चारे और घरेलूपन की आत्मा का आरंभ होता है। और आप, मेंरी दोस्त, उस चक्र में शामिल की गयीं हैं, और यह पिता, पुत्र और आत्मा की खातिरदारी है जो आपके अस्तित्व से बाहर निकलती है। पिता, पुत्र और आत्मा आपके द्वारा दुनिया के साथ अपनी खातिरदारी, स्वागत और तुरंत प्रतिक्रिया और उत्साह की आत्मा को सांझा करते हैं।"

यह आश्चर्यजनक भागीदारी कोई लक्ष्य नहीं है जिसे प्राप्त करना है। यह ऐसा ही है। यह वह सत्य है जिसे समझने के लिये खोज करनी होगी, यह वह ज्योति है जिसके द्वारा हम अंततः यह समझना शुरू कर सकते हैं कि हम कौन हैं और वास्तव में हमारे जीवन में क्या हो रहा है।

कुछ समय पहले मैंने कुछ फंसी हुए व्हेल मछलियों को बचाने के लिए एक बचाव अभियान के बारे में एक लघु फिल्म देखी थी। जो एक बड़ा अभियान साबित हुआ। मैं इसमें शामिल लोगों की ईमानदारी, उनके बोझ और प्रतिबद्धता की गहराई, उनके दृढ़ संकल्प को नजरअंदाज नहीं कर सका। उसमें निश्चय ही काफी सारी गड़बड़ियां थी, कुछ लोगों में अहंकार और अभिमान और श्रेष्ठता की निश्चितता हवा में ही थी। पर चिंता और बोझ में कोई कमी नहीं थी। मैंने पहले भी उस बोझ को देखा है! उस बोझ को काम में बदलते देखा है। वह कौन है जो सृष्टि की परवाह करता है?

वह कौन है जो सितारों को नाम से जानता है, चिड़ियों का खयाल रखता है और मैदान के फुलों को वस्त्र पहनाता है? वह कौन है जो प्रत्येक मनुष्य के सिर के बालों को गिनता है? क्या वह चिंता और बोझ है जिसने पूरे बचाव अभियान को उसके विजयी अंत तक पहुँचाया, क्या वह केवल मानवीय था? क्या इसका आनंद और गरिमा और भाईचारा पूरी तरह से एक मानवीय मामला था? क्या हमें इस पूरे कार्य को मनुष्य की स्वभाविक भलाई तक ही समझना चाहिये? मुझे ऐसा नहीं लगता। इस जगत में सृष्टि के लिए रुचि और चिंता और बोझ का केवल एक ही चक्र है। और वह पिता, पुत्र और आत्मा का चक्र है।

मेंरे परिवार ने टेलीविजन पर जो देखा वह त्रिएक परमेंश्वर के कार्य से कुछ कम नहीं था, जहाँ पिता, पुत्र और आत्मा मनुष्यों के एक समूह और उनके हृदयों, हाथों और पैरों द्वारा सृष्टी की देखभाल करता है।

मैं आपको एक और उदाहरण देता हूँ कि मेंरे अपने जीवन से मेंरा क्या मतलब है। मेंरा एक जुनून है मछली पकड़ना। कुछ साल पहले मुझे मछली पकड़ने की चारा सामग्री बनाने के विचार आने लगे, जो चारा सामग्री असली मछली की तरह दिखता है। मैंने अपने कारखाने में कई घंटों तक काम किया, लकडी पर कारीगरी की, सँड पेपर से घीसा और यह पता लगाने की कोशिश की कि लकड़ी पर एक चमकदार सतह कैसे लगाई जाए, कैसे इसे सुंदर और एक इंद्रधनुषी रंग दिया जाए, और कैसे रंगा जाए ताकि यह वास्तविक दिखे, मैंने यहाँ तक प्रयास किया कि कैसे एक पूंछ का आविष्कार किया जाये जो वास्तविक लगे। पहला पीस काफी बदसूरत था, जो किसी को दिखाने में मुझे शर्म आती थी। पर मैंने इसे गुप्त रूप से आजमाया, और दूसरी बार मैं कामयाब हुआ और लगभग तीन किलो की मछली पकड़ी। मुझे तब पता था कि मैं कुछ कर लुंगा। इसलिए मैं तब तक प्रयत्न करता रहा जब तक की वैसा दिखने और काम करने वाला चारा न बना लूँ जैसा की मेंरा सपना था।

एक दिन मेंरी बेटी लौरा कारखाने में आयी जब मैं एक चारे को अंतिम रूप दे रहा था। वह वहीं खड़ी रही और कुछ देर देखती रही और फिर पूछा: “पिताजी, आपको इन चारे को बनाने का विचार कैसे आया?” वह मुझसे रचनात्मक विचार

के बारे में पूछ रही थी और उन सभी छोटे-छोटे टुकड़ों के बारे में भी जो चारे में लगते हैं - नक्काशी, पेंटिंग, आंखें, पूंछ, इंद्रधनुषी रुप। मैंने लौरा की ओर मुड़कर उससे कहा कि मेंरा एक दोस्त है जो मछली पकड़ना, हर तरह की मछली पकड़ना पसंद करता है, और जब मैं उसके पास होता हूँ, तो वह मेंरे साथ अपने विचार बांटता है। वास्तव में, एक तरह से उसके विचारों को लेकर मेंरे द्वारा उन्हें जीवित करना, उसे रोमांचित करता है। उसने पूछा कि क्या वह मेंरे दोस्त को जानती है। मैंने उससे कहा कि वह जानती है, और वह तुरंत नाम बताने लगी। प्रत्येक नाम के लिए मैंने यह कहते हुए अपना सिर हिलाया कि यह वह मित्र नहीं है जिसके बारे में मैं बात कर रहा था। मैंने अंत में उससे कहा कि इस दोस्त को संगीत और खाना बनाना और हँसी-मजाक और बागवानी और बेसबॉल और जानवरों से भी प्यार है। वह रुकी। और फिर उसने पूछा, "पिताजी, आप यीशु के बारे में बात कर रहे हैं, है ना?"

मैंने कहा,"हाँ, लौरा," "मैं यीशु के बारे में बात कर रहा हूँ। आप अपने पियानो पर जो संगीत बजाते हैं और जो आनंद लेते हैं, वह आपका नहीं है। वे पिता, पुत्र और आत्मा द्वारा सांझा किए गए जीवन के महान नृत्य का हिस्सा हैं, और यीशु उन्हें आपके साथ सांझा करता है। वह अपना संगीत आपके दिल में प्रकट करता है और आप इसे बजा पाते हैं।"

वही जीवन की ज्योति है। इस सब के पीछे यीशु हैं, और आत्मा की संगति में उसके पिता के साथ उसका जीवन है। वह अपने विचारों को उसकी खुशियाँ, प्रसन्नता, प्रेम, उसके बोझ और रुचियों के रुप में हमारे साथ बांटता है। वह अपना जीवन हमारे साथ बांटता है हम इसे जीते हैं। हमारे जीवन में हर दिन महान नृत्य किया जा रहा है। महान नृत्य में हमारा समावेश कोई लक्ष्य नहीं हैं। यह ऐसा कुछ नहीं है जिसे हमें पाना या हासिल करना है। यह ऐसा ही है। यही जगत की ज्योति, मानव अस्तित्व का रहस्य, और सारी सृष्टि इसे देखने के लिए कराहती है।[40]

40 रोमियो 8:19 देखें

भ्रम और सच्चाई

बेशक, महान नृत्य में हमारी भागीदारी एक लक्ष्य है, इसमें तात्पर्य हैं। हम ऐसे कंम्प्युटर नहीं जिसमें दैवीय सॉफ्टवेयर लगा हो। हम विशेष व्यक्ति हैं जिन्हें महान नृत्य में शामिल किया गया है। अलग-अलग व्यक्तियों के रूप में, हमारे लिए यह संभव है कि हम इस बात को लेकर भ्रम में रहें कि हम कौन हैं, और हमारे भ्रम के कारण हम चीजें गलत समझ सकते हैं, जो मसीह में हमारे जीवन को प्रभावित करती हैं। यदि हम यह नहीं जानते कि त्रिएक के जीवन में एक भागीदारी के स्वरुप में वास्तव में हम कौन हैं, तो हमें अपने आप पर बहुत गर्व होता है और हमें लगता है कि यह सब *हमने* किया है, और यह धर्माभिमान लोगों को दूर करता है और हमारे भीतर कार्य कर रही त्रिएक की संगति को हानी पहुँचाता है। यदि हम सत्य से अनजान रहते हैं, तो हम भ्रमित हो जाते हैं और परमेंश्वर के बारे में, अपने बारे में और दूसरों के बारे में गलत बातों पर विश्वास करने लगते हैं, और उस भ्रम में इस तरह से कार्य करते हैं कि महान नृत्य में हमारी भागीदारी पर एक गीला कंबल फेंक देता है। उदाहरण के लिए, यदि हम यह नहीं जानते कि हम मसीह में कौन हैं, तो हम यह विश्वास करने पर मजबूर हो जाते हैं कि हमारा जीवन और आनंद और परिपूर्णता चीजों, या धन, या सामाजिक स्वीकृति या हमारे स्तर पर निर्भर करता है। इसलिए हम इन चीजों के पीछे भागते हैं और लगभग अपने विवाह और रिश्तों को, और दूसरे लोगों के जीवन को, और इस प्रक्रिया में स्वयं सृष्टि को लगभग नष्ट कर देते हैं।

स्पष्ट रूप से, हमारे जीवन के समीकरण में एक और हकीकत है, त्रिएक जीवन में हमारे समावेश की वास्तविकता के अलावा एक भयावह और कायराना हकीकत है। और हमें इसे पूरी तरह से सुलझाना चाहिए। हमें जानना होगा कि वह कौन है जो हमें भ्रमित करता है और हमें ऐसे अंधकार में डाल देता है। और हमें इस भ्रम के तर्क को समझना होगा कि यह कैसे काम करता है और हमारे साथ क्या करता है और यह कैसे महान नृत्य में हमारी भागीदारी को दुषित करता है। पर हम तब तक ऐसा कुछ करने की स्थिति में नहीं होते, जब तक कि हम सत्य को सही तरह से समझ नहीं जाते। यह तब ही हो सकता है जब हम यह जान लेते

हैं कि हम मसीह में कौन हैं तो हमारे पास यह समझने की ज्योति होती है कि क्या गलत है और इसे कैसे ठीक किया जाए। यह सिर्फ तब ही होगा जब हम अपने आपको भीतर देखेंगे ना कि बाहर, शामिल ना कि बहिष्कार किये गये, यीशु के साथ जुड़े हुये ना कि अकेले, क्या हमारे पास वह ज्योति है जो दुष्ट के गहरे झूठ को प्रकट करती है – कि हम परमेंश्वर से अलग हो गये हैं। सिर्फ तभी हम यह देख सकेंगे कि वह झूठ हमारे जीवन में कैसे कार्य करता है।

सबसे पहले और सबसे महत्वपूर्ण, हमें इस तथ्य से दूर रहना चाहिए कि त्रिएक के महान नृत्य में हमारा समावेश हमारे लिए कोई लक्ष्य नहीं जिसे हमें प्राप्त करना होगा। यह पहले से ही है। और हमें खुद को और दूसरों को इस नजरिये से देखना सीखना होगा कि वे वास्तव में कौन हैं - न केवल मनुष्य जो अपने कामों में लगे है, बल्कि ऐसे लोग पिता, पुत्र और आत्मा की संगति, भाईचारे, महिमा, आनंद, प्रेम और जीवन में जकड़े गए हैं।

त्रिएक, खेती, और एक झील का निर्माण

पिछले साल मैं मध्य पश्चिमी संयुक्त राज्य अमेरिका के एक कॉलेज में प्रचार करने जा रहा था। एक युवक मुझे हवाई अड्डे पर लेने आया और हम ग्रामीण इलाकों से गुजर रहे थे जहाँ मीलों तक खेतों के अलावा कुछ नहीं था। हम एक के बाद एक खेतों से गुजर रहे थे, और हर खेत में कम से कम एक (अगर दो या फिर तीन ना हो) किसान खेत जोतते हुये नजर आ रहे थे। उस छात्र ने मुझे बताया कि कॉलेज की पढ़ाई के बाद, वह बाईबल सेमिनरी जाना चाहता है और अंत में सेवकाई में जाना। मैंने तुरंत उससे उन सभी किसानों के बारे में पूछा, जिन्हें हमने देखा और विशेष रूप से यीशु उनसे कैसे जुडा हुआ है जो अपने जीवन में उन ट्रैक्टरों पर घंटों बिताते हुये जुताई और रोपण और कटाई करते हैं। उसने कहा कि उसने इस बारे में कभी सोचा ही नहीं था। मैंने मन ही मन सोचा, "यहाँ वे लोग हैं जो खेती करने में सप्ताह में 60 या 70 घंटे खर्च करते हैं, या शायद ज्यादा ही, जो लाखों लोगों के अनाज उगाते हैं, जिस भोजन के लिए कई लोग परमेंश्वर को धन्यवाद देते हैं। यहाँ एक उत्तम सुसमाचारक मसीही छात्र है जिसकी

नजर सेवकाई पर टिकी हुई है, और फिर भी उसने इस बारे में कभी नहीं सोचा है कि उन किसानों से यीशु का क्या संबंध है – काफी संभावना है की उसे सेवकाई हेतू उनके बीच जाना पडेगा। सुसमाचार की सेवकाई करेगा।

1999 की गर्मियों में, मैं 39-एकड़ टौफी बास झील के निर्माण में शामिल था। मुझे मेंरे एक दोस्त ने एक झील डिजाइन के सलाहकार के रूप में काम पर रखा था जो पूरी परियोजना का नेतृत्व कर रहा था। यह परियोजना अपने आप में वास्तव में मन को झकझोर देने वाला एक बहुत बड़ा उपक्रम था। पहले तो यह सिर्फ एक विचार के रुप में ही था, उसके बाद जमीन के सही टुकड़े की तलाश में घंटों और दिन बिताए गये। फिर परियोजना का डिजाइन, मास्टर प्लान- इंजीनियरिंग, सड़कें, भुभाग, पानी का प्रबंध और कई जरुरतें थी। उसके बाद था झील का डिज़ाइन, जिसमें खाइयाँ, टीले, मैदान और प्रजनन के लिये नाजुक स्थान और मछलियों को रहने के लिए अलग प्रकार के स्थान। उसके बाद परियोजना के खर्च को लेकर पूरा मुद्दा था। घंटो और कई दिनों तक फोन कॉल, खोजबीन, योजना और मिटींग इत्यादि।

जब परियोजना पर काम करने का पहला दिन आया वहां एक आश्चर्यजनक दृश्य था। सर्वे करने वाले, इंजीनियर, सफाई कर्मचारी, खुदाई करने वाले, बुलडोजर, डंप ट्रक, लकड़ी का काम करने वाले सभी को लाकर वहाँ छोड़ दिया गया था। हजारों गज मिट्टी को हटाना था। पहले कई महीनों तक एक के बाद एक डंप ट्रक द्वारा मिट्टी हटाई गयी। खुदाई करने वाले, बुलडोजर और मिट्टी भरने वाले सभी ने सुबह से देर शाम तक काम किया। पेड़ों को काटकर बेचा गया, कुछ पेड़ों को झील के तल में धकेल दिया गया। झील में गहरी खाइयाँ बनायी गई, टीले बनाए गए, कंक्रीट के कई पाइप और गिट्टीयों से भरा गया। दिन-ब-दिन, बांध उभरने लगा, और बहुत से नक्शे आकार लेने लगे।

मुझे कई महीनों तक इन सबके बीच रहने का सौभाग्य मिला। मैंने लोगों और मशीनों की कड़ी मेंहनत द्वारा परियोजना को कागजों से निकलकर ज़मीनी हकीकत में बदलते हुये देखा। वहाँ हमेंशा गर्मी, पसीना और परेशानी रहती थी, कुछ न कुछ गलत या गड़बड़ी होते रहती थी, पर इस सबके दौरान और इस

सबके बीच एक अचूक आनंद था। लोगों ने जी-जान लगाकर कड़ी मेंहनत से, दिन प्रति दिन, धूल, मिट्टी और कीचड़ में काम किया। पर एक व्यक्ति के रुप में, उन्हें अपने काम से प्रेम था। वे जानते थे कि वे किसी उँचे पद पर काम नहीं कर रहे पर जिस चीज में वे शामिल हैं, वह महत्वपूर्ण, वास्तविक और मूल्यवान है। लगभग हर दिन मैंने इस तथ्य के बारे में सोचा कि निकट भविष्य में इस परियोजना के आस-पास घरों और बच्चों के खेलने और बहुतायत से मछली पकड़ने का आनंद लेने वाले लोगों का जमावड़ा हो जायेगा - और कुछ लोग एक दो पल के लिए रुककर ऐसी जगह के लिये परमेंश्वर का धन्यवाद करेंगे।

एक दिन मैं मिट्टी का काम करने वाले व्यक्ति से बात कर रहा था, जो मिट्टी से संबंधित सड़कों से लेकर झील की खाइयों तक, कनाल से लेकर बांध तक हर चीज का प्रभारी था। मुझे वह तुरंत ही पसंद आया। वह जोशीला, राय रखने वाला और जिंदा दिल इन्सान था। मुझे नहीं पता कि मैं कभी किसी ऐसे व्यक्ति से मिला हूँ जो अपने काम से इतना प्यार करता हो। हम गर्मी से अवकाश लेकर झील की कुछ डिज़ाइन की विशेषताओं पर चर्चा कर रहे थे। उसने मुझसे पूछा कि मैंने अपनी जीविका के लिए क्या किया है। मुझे पता था कि जैसे ही मैं उससे कहूंगा कि मैं सेवकाई करता हूँ, पूरी बातचीत वही समाप्त हो सकती थी। इसलिये मैंने इस मुद्दे की दूसरे तरीके से शुरवात की। मैंने उससे कहा कि मैं एक लेखक हूँ। बेशक उसने मुझसे पूछा कि मैं किस विषय पर लिखता हूँ। मैंने उससे कहा कि मैं एक नयी किताब पर काम कर रहा हूँ जिसका शिर्षक है कि परमेंश्वर का इस झील परियोजना से क्या संबंध है।

वह दंग रह गया, और उसने मुझे एक गाय की तरह देखा जो एक नए द्वार को घूर रही थी (अगर मैं लूथर की लिखी बात का प्रयोग करू)। उसने मुझसे पूछा कि मैं किस बारे में बात कर रहा हूँ। इसलिए मैंने अपने स्पष्टीकरण की शुरुआत की कि कैसे परमेंश्वर किसी बूढ़े उबाऊ धार्मिक व्यक्ति की तरह नहीं है, जो वहाँ स्वर्ग से यह देखते रहता है कि हम उसके नियमों का पालन करते हैं कि नहीं। परमेंश्वर पिता, पुत्र और आत्मा के रूप में रचनात्मक जीवन और संगति और आनंद के चक्र में रहता है। मैं जल्दी से दूसरे भाग में चला गया कि

इस परियोजना में हम जो भी कर रहे हैं वह उस रचनात्मकता और संगति में भाग ले रहे हैं। परमेंश्वर को हमारे द्वारा इस झील के बारे में सोचने या इसे डिजाइन करने या इस पर खर्च करने या इसे बनाने की जरुरत नहीं है। इस विचार, इस रचना, इस सोच, इन सभी कार्यों की शुरुआत पिता, पुत्र और आत्मा से होती है। पर, जबकि पिता, पुत्र और आत्मा को हमारी जरुरत नहीं है, वे अपने कार्यों को हमारे साथ सांझा करना, हमें अपनी योजनाओं में शामिल करना पसंद करते हैं और हमें अपनी परियोजनाओं में हाथ और पैर और मिट्टी हटाने वालों के रूप में स्थान देते हैं।

जहाँ तक मेंरी समझ में आया, उस मिट्टी वाले व्यक्ति ने मुझे बीच में काटकर अपना ही प्रचार शुरु किया। वह मकसद को तुरंत समझ गया। उसने कहा कि उसे समझ रहा है कि मैं क्या कह रहा था और उसे हमेंशा संदेह था कि यही इन चीजों की सच्चाई है। वह शायद त्रिएक को नहीं समझ पाया था, पर उसने सहज रूप से भागीदारी के विचार और इन सभी की गरिमा और आनंद को समझ लिया था, और वह जानता था कि इस आनंद और गरिमा का जनक वह खुद नहीं कोई और है।

अगले दिन, मैं बच्चों को स्कूल छोड़ने गया, और जैसे ही हम कार की लाइन में इंतजार कर रहे थे, एक दूध का ट्रक हमारे पास से गुजरा और स्कूल के एक गेट पर रुका। एक अधेड़ उम्र का व्यक्ति ट्रक से कूदकर अपने ट्रक के पीछे की ओर भागा। जहाँ तक मैं बता सकता था कि वह सीटी बजा रहा था। मैंने उसे एक के बाद एक दूध के टोकरे और संतरे के रस के टोकरे उतारते देखा। मेंरे दिमाग में फिर से कई सवाल घूमने लगा था: “क्या वह व्यक्ति अपने इस उत्साह भरे चरित्र से ज्यादा कुछ नहीं है, या एक ऐसे रोबोट की तरह जिसे परमेंश्वर ने बनाकर उसमें बैटरी लगाकार बस स्टार्ट करके अपना काम करने के लिए खुला छोड़ दिया हो? क्या वह सिर्फ एक ऐसा इन्सान है, या सिर्फ एक अधेड़ उम्र का व्यक्ति जो जीवन यापन कर रहा है, या यहाँ कुछ और हो रहा है जो नज़र नहीं आ रहा?”

परमेंश्वर को दूध बांटने के लिए इस व्यक्ति की जरूरत नहीं है। उसे दूध उत्पादन या गायों के लिए भोजन उगाने वाले किसानों की जरूरत नहीं है। उस

मामले के लिए, उसे दूध देने वाली गायों की भी जरुरत नहीं है। उसे टोकरे बनाने वालों या कांच बनाने वालों या मोटर-कार कर्मचारियों या खाड़ी देशों में तेल भंडारों पर गैस उत्पादन के लिये काम करने वालों की जरुरत नहीं है जो तेल ट्रक के ईंधन में काम आता है। उसे ट्रक को सही स्थिति में रखने के लिए मैकेनिक या सब कुछ व्यवस्थित और निर्धारित रखने के लिये सचिवों की जरूरत नहीं है। उसे स्कूल में पढ़ाने के लिये शिक्षकों की या प्रशासन कार्य के लिये प्रधानाचार्यों की या दोपहर का भोजन बनाने रसोइयों की या सब कुछ सुव्यवस्थित रखने के लिए जिम्मेंदार लोगों की जरुरत नहीं है। उसे यातायात को सुचारू और व्यवस्थित रखने के लिए पुलिसकर्मियों की जरुरत नहीं है। ना ही उसे उस मुस्कुराती हुई महिला की जरुरत है जो कारों से बाहर निकलते बच्चों का अभिवादन करती है। परमेंश्वर को हमें हसाने के लिए अनगिनत रेडियो हस्तियों की जरूरत नहीं है या हमारे इंतजार के दौरान हमारा मनोरंजन करने के लिये संगीतकारों की जरूरत नहीं है। उसे स्कूल को डिजाइन करने के लिए इंजीनियरों और वास्तुकारों या इसे बनाने के लिए श्रमिकों या पेड़ों को काटने के लिए लकड़हारे या ईटे बनाने के लिए राजमिस्त्री या सीमेंट ट्रकों को चलाने के लिए ट्रक ड्राइवरों की जरुरत नहीं है। उसे प्रतिदिन बच्चों को खिलाने के लिए मेंहनत करने वाली और चिकन को साफ करके काटने-छांटने वाली महिला की जरुरत नहीं है। उसे बच्चे जनने के लिए पति-पत्नी की भी जरूरत नहीं है। पिता, पुत्र और आत्मा की रचनात्मक सामर्थ को अपने मुख से सिर्फ शब्द कहने की देर है, और यह सब ऐसे ही हो जायेगा। पर पिता, पुत्र और आत्मा कुलमिलाकर सहभागिता और जीवन बाँटने में भरोसा रखते, और वे केवल मनुष्यों को अपने कार्य में शामिल करने में प्रसन्न होते हैं। और इस ग्रह पर एक साधारण दिन के एक सामान्य क्षण में जो हमने कभी सोचा भी नहीं होगा वह हो रहा है।

उस झील परियोजना पर काम करने वाले कुछ लोग और उनमें से ज्यादातर लोगों को मैंने अगले दिन बच्चों को छोड़ने जाते समय देखा था जो निस्संदेह रविवार चर्च जायेंगे। और मैं शर्त लगा सकता हूँ कि ज्यादातर लोग इस दोष के साथ चर्च के बाहर कदम रखेंगे, कि वे परमेंश्वर के प्रति पर्याप्त सेवा नहीं कर पा रहे हैं।

देहधारण पर दोबारा गौर किया जाना

हमें देहधारण पर दोबारा गौर करना होगा। हमने देखा है कि परमेंश्वर के पुत्र के देहधारण का अर्थ है, सबसे पहले और सबसे महत्वपूर्ण, मानव अस्तित्व में परमेंश्वर के त्रिएक जीवन का आना। जो सिर्फ, एक साधारण और दिव्य निराकार या दैवीय शक्ति जैसा परमेंश्वर नहीं था जो मनुष्य बन गया। पर यह पिता का प्रिय और अनंत पुत्र था। और ना ही यह कोई सिर्फ दिव्य जीवन था जिसने मानव अस्तित्व में प्रवेश किया। यह पिता, पुत्र और आत्मा के अनंत दिव्य जीवन से कम नहीं था। यीशु मसीह में जिस चीज ने हमारे संसार और हमारे मानव अस्तित्व में प्रवेश किया वह पिता, पुत्र और आत्मा द्वारा सांझा किए गए जीवन के महान नृत्य से कम नहीं था। यीशु मसीह का जीवन, इस त्रिएक जीवन द्वारा मानव अस्तित्व में रहता है।

हमने इस त्रिएक जीवन को तीन विशेष संदर्भों में भी देखा हैः आदम की देह में - जिस प्रकार मानव अस्तित्व पाप में गिरने द्वारा भ्रष्ट हुआ; और दुष्ट के अधिकार क्षेत्र में, भ्रम और उत्पीड़न में; परमेंश्वर और इस्राएल के बीच वाचा के रिश्तों में, और विशेष रूप से वाचा की विश्वासयोग्यता और संगति को लेकर परमेंश्वर को उत्तर देने इस्राएल की विफलता में। और इसके अतिरिक्त, हमने देखा है कि कैसे इन संदर्भों में परमेंश्वर के त्रिएक जीवन द्वारा से बाहर इन संदर्भों में रहने का अर्थ है देहधारी पुत्र का युद्ध, पीड़ा और दुख और आंसू सहना, पर अंत में, इसका अर्थ था परमेंश्वर के लिए मानव जाति का महान परिवर्तन, दुष्ट पर पूरी तरह से जीवित विजय, और परमेंश्वर और मानवजाति के बीच वाचा की संगति की परिपुर्णता।

पर अब हमें लौटकर इस त्रिएक जीवन के देहधारण को दोबारा एक बार देखना होगा। हमें दोबारा लौटकर एक बार फिर ध्यान देना चाहिए कि जब पिता, पुत्र और आत्मा द्वारा सांझा किए गए जीवन के इस महान नृत्य ने प्रवेश किया और खुद मानव अस्तित्व में कार्य किया था तब क्या हुआ था। कम से कम, जब हम इसके बारे में रुककर सोचते हैं, तो हमें जो पता चलता है, वह यह है कि

मानव इतिहास में एक ऐसा क्षण था जब बढ़ई काम को एक मात्र मानव उद्योग से अधिक समझा जाता था।

हम इस तथ्य का क्या अर्थ निकालें कि जिस तरह परमेंश्वर के पुत्र ने अपने पुत्रत्व, अपना दिव्य जीवन एक बढ़ई के रूप में जिया? कारखाने में कई घंटे बिताए, वर्षों की शिष्यता, दिनों और महीनों और वर्षों तक हथौड़े मारना, काटना, नक्काशी और पॉलिश करने के बारे में सोचें। हम इस तथ्य का क्या अर्थ निकाल सकते हैं कि पृथ्वी पर परमेंश्वर का अधिकांश समय ऐसी साधारण, सांसारिक गतिविधियों में बीतता है? क्या आपने कभी इस बारे में सोचा है? पृथ्वी पर परमेंश्वर का अधिकांश समय जिसे लोग "पूर्ण-समय" सेवकाई कहते हैं, उसमें नहीं बीतता। देहधारी पुत्र ने अपना समय प्रचार करने से ज्यादा अपने हाथों से काम करने में अधिक बिताया।

जब आप इस बारे में रुककर सोचते हैं, जब परमेंश्वर के त्रिएक जीवन ने मानव अस्तित्व में अपना रास्ता निकाला, तो यह सब बहुत सामान्य था। मैं यीशु में हुई अलौकिक बातों से अवगत हूँ। मैं आश्चर्यजनक चमत्कारों से अवगत हूँ कि परमेंश्वर के पुत्र ने चमत्कारों से अधिक भोजन किया। मैं जानता हूँ कि देहधारी पुत्र ने बीमारों को ठीक किया, पर मैं यह भी जानता हूँ कि उसने बहुत सी मेंजें बनाईं। उसने नियमित लोगों के साथ बहुत सारी बातचीत की, भाइयों और बहनों और चचेरे भाइयों के साथ एक परिवार में पला-बढ़ा, जन्मदिन मनाये और जश्नों में शामिल हुआ।

इतिहास में कम से कम एक पल के लिए, मानव ठहाके, मानव का योगदान, मानवीय करुणा, मानव प्रेम, मानव संगति और भाईचारा और एकजुटता का महत्व सिर्फ मानवीय होने से कई अधिक था। इतिहास में कम से कम एक पल के लिए, बढ़ई काम और चीजों को बनाने और दूसरों की मदद करने की खुशी, मानवीय उत्कृष्टता और रचनात्मकता और डिजाइन का गौरव और आनंद और डिजाइन से लेकर वस्तु के पूरा होने की ओर बढ़ना, सबकुछ सिर्फ मानवीय होने से कई अधिक थे। वे परमेंश्वर की मानवीयता के जीवित प्रदर्शन थे, देहधारी पुत्र के जीवित प्रदर्शन जो अपने दिव्य पुत्रत्व को जीते थे, जो पवित्र आत्मा में पूरी

तरह से बपतिस्मा लेने वाले व्यक्ति के जीवित प्रदर्शन थे।

क्या देहाधारण खत्म हो चुका है?

अच्छी खबर यह है कि यीशू की देहधारणा खत्म नहीं हुई है। स्वर्गारोहण के समय पुत्र किसी प्रकार के देह रहित अमानवीय दैवीय अवस्था में वापस नहीं गया। जब वह पिता के पास गया तब उसने अपने मानवता के वस्त्र को पीछे नहीं छोड़ा। वर्तमान और अनंत काल तक, वह पिता के प्रिय *देहधारी* पुत्र के रूप में रहेगा। वर्तमान, और अनंत काल तक, वह एक इंसान के रूप में अपने पुत्रत्व को जीता रहेगा। वर्तमान, और अनंत काल तक, यीशु मसीह एक मनुष्य के रूप में महान नृत्य में हिस्सा लेता रहेगा। *और* वह ऐसा सिर्फ किसी मनुष्य के ही रूप में नहीं, बल्कि मध्यस्थ के रूप में करता है। वह इस महान नृत्य को उस स्वरुप में सांझा करता है जिसमें पूरी मानव जाति, एक कड़ी के रूप में, एकता के रूप में, त्रिएक जीवन और मानव अस्तित्व के महान नृत्य के बीच बंधी हुई है। वह एक इंसान के रूप में, वर्तमान और हमेंशा के लिए अपने पुत्रत्व को जीना जारी रखता है - वह इसे *अकेले* नहीं करता, पर हमारे साथ और हमारे द्वारा, हमारे काम और खेल और बागवानी में इन सबके द्वारा करता है, हमारे रिश्तों, हमारी दोस्ती, हमारे विवाह और रोमांस में इन सबके द्वारा करता है, हमारे उपचार और प्रशिक्षण और बढ़ई काम में इन सबके द्वारा करता है, हमारे झील डिजाइनिंग और मिट्टी हटाने, इन में और इस सबके द्वारा, हमारे सामाजिक कार्य और खोज कार्य और अध्ययन और व्हेल मछली बचाव कार्य में इन सबके द्वारा करता है।

हमारे लिए यह समझना काफी मानवीय है, इसे देखना काफी करीब, काफी वास्तविक और काफी सामान्य है। यीशु को एक ऐसे दर्शक के रुप में बदल दिया गया है, जो हमें दूर से ताकता रहता है, इसलिये हमें पता ही नहीं चलता कि हम कौन हैं और हमारे सामान्य जीवन में क्या हो रहा है। हम अलौकिक की खोज में इतने व्यस्त हैं कि जब वह हमें घूर रहा होता है तो हम उसे देख नहीं पाते। क्या हम ईमानदारी से मानते हैं कि हमारे बच्चों के लिए हमारा प्यार, फूलों और बागवानी में हमारी खुशी, हमारी रचनात्मकता और अंतर्दृष्टि, दूसरों के लिए

हमारी चिंता और हमारे आंसुओं का स्रोत हमारा अपना हृदय है?

कई साल पहले मैं 12 छोटे बालकों के साथ मैदान पर बेसबॉल खेल रहा था। ज्यादातर बालकों को बेसबॉल के बारे में ज्यादा जानकारी नहीं थी, पर वे उसमें खोये हुये थे। मैं उनकी आँखों में उत्सुकता और दृढ़ संकल्प देख सकता था। मैंने उनका भाईचारा और संगति देखी। और मुझे उसमें शामिल होना अच्छा लग रहा था। पर मेंरे अंदर एक छोटी सी कुश्ती मैच चल रही थी। मेंरा एक हिस्सा रोमांचित था, तो दूसरा हिस्सा दोष महसूस कर रहा था। उस समय मैं एक पास्टर था, और मैं दोष महसूस कर रहा था कि मुझे ऐसी संसारिक चीज करने में बहुत मज़ा आ रहा था। मुझे लोगों के लिए प्रार्थना करनी चाहिए, बीमारों के पास जाना चाहिए या अपने प्रचार की तैयारी करनी चाहिए – या कम से कम इन बच्चों से बात करके उन्हें सुसमाचार सुनाने की कोशिश करनी चाहिए। उस दुविधाभरी सोच के ठीक बीच में, प्रभु ने मुझसे बात की। बॅक्सटर, इस अवसर को मत खोना। इन 12 बालकों के साथ इस मैदान पर जो हो रहा है, उसे अनदेखा मत करो। बॅक्सटर, मेंरी महिमा यहाँ भरपूरी से मौजूद है मेंरा जीवन पिता के साथ जिस सहभागिता का मैं अनुभव करता हूँ, इस बेसबॉल के मैदान पर पुत्रत्व की आत्मा तथा त्रिएकता का नृत्य किसी कलीसिया की बंजर आराधना समय से ज्यादा मुक्त रिती से बह रहा है। बॅक्सटर, अंधे मत बनो। महान नृत्य यहीं है; कहीं और नहीं।

यीशु मसीह वास्तव में अपने पुत्रत्व, अपने जीवन के महान नृत्य और अपने पिता के साथ संगति, आत्मा में अपने बपतिस्मा को यहाँ जी रहा है, पर वह इसे अकेले नहीं जी रहा, वह इसे हमारे द्वारा और हमारे सामान्य मानव जीवन द्वारा जीता है। और *इसलिए* हम जीवन को इतना प्रेम करते हैं। यही कारण है कि हम बेसबॉल और बागवानी, मछली पकड़ना और खाना बनाना और साथ में कॉफी पीना पसंद करते हैं। इसलिए हमें झील की डिजाइनिंग और निर्माण परियोजनायें प्रिय लगती हैं। इसलिए हमें हँसी और संगति और रोमांस और सेक्स प्रिय लगता है। इसलिए हमें साहस और कार रेसिंग और जानवरों की देखभाल करना प्रिय लगता है। पिता, पुत्र और आत्मा हमारे बिना अपने जीवन का महान नृत्य नहीं जीते। त्रिएक परमेंश्वर के महान नृत्य की नदी इन सबके बीच से बहती है। और यह बहुत अच्छा है।

मसीही विश्वास

मसीही विश्वास ऐसा कुछ कार्य नहीं है जो हमें परमेंश्वर से जोड़ता है या पिता, पुत्र और आत्मा द्वारा सांझा किए गए जीवन के चक्र में ले जाता है। यीशु मसीह ने इसे पूरा कर दिया है। विश्वास कोई ऐसा कार्य नहीं है जो हमें क्षमा न किए गए स्तर से क्षमा किए गए स्तर की ओर ले जाता है। यीशु मसीह ने इसे पूरा कर दिया है। विश्वास कोई ऐसा कार्य नहीं जिसे करने से हमारा मेंल-मिलाप होता है, न्याय होता है, शामिल करता है, गोद लेता है, छुड़ाता है या बचाता है। यीशु मसीह ने इसे पूरा कर दिया है। मसीही विश्वास की मूल चरित्र विशेषता है खोज। विश्वास, जैसा कि लूथर ने कहीं कहा था, जैसे एक आँख होती है। यह जो देखती है उसका निर्माण नहीं करती; वह सिर्फ देखती है कि वहाँ क्या है।

मसीही विश्वास की सबसे पहले और सबसे महत्वपूर्ण खोज है कि पिता, पुत्र और आत्मा ने यीशु मसीह में मानव जाति से क्या बनाया है। विश्वास यह खोज है कि उसी समय यीशु मसीह में हमारा मेंल-मिलाप हुआ, उद्धार हुआ, अपनाये गये; और उसी समय यीशु मसीह में हम शुद्ध किए गए और नया जन्म लिया, दोबारा रचे गये और पिता के घर पहुँचाये गये; और उसी समय यीशु मसीह में सर्वशक्तिमान पिता परमेंश्वर द्वारा हमारा स्वागत किया गया, आलिंगन किया गया, स्वीकार किया गया, जीवन के चक्र में शामिल किया गया। मसीही विश्वास यीशु में उस सच्चाई की खोज है, परमेंश्वर के और हमारे खुद के बारे में और हमारी पहचान की सच्चाई की सत्य की खोज है, कि हम कौन हैं, इस तथ्य की खोज है कि पिता, पुत्र और आत्मा हमारे बिना उनके जीवन का नृत्य नहीं जीते।

और यह एक ऐसी खोज है जिसे हम सत्य के रूप में मानने और हर उस चीज़ पर पुनर्विचार करने जोर डालती है जो हमें लगता था कि हम अपने और दूसरों के बारें में और अपने और दूसरों के जीवन के बारे में जानते थे। यह एक ऐसी खोज है जो हमें सत्य की गरिमा और आनंद और स्वतंत्रता में जीने और शारीरिक तौर पर किसी की पहचान करने की आज्ञा नहीं देती है, जैसा कि पौलुस ने कहा, [41] केवल एक 'मर्त्य मानव'। क्योंकि, जैसा कि लुईस कहते हैं,

41 2 कुरिन्थियों 5:16 देखें

"*लोग साधारण नहीं होते।*" [42]

---

42   सी.एस. लुईस, "द वेट ऑफ ग्लोरी," *द वेट ऑफ ग्लोरी एंड अदर एड्रेसेस* में (न्यूयॉर्क: साइमन एंड शूस्टर, ए टचस्टोन बुक, 1996), पेज 39

4

हमारी अपनी सोच की बाधाएं

अंधकार और किस तरह नृत्य को बिगाड़ा गया

काफी लोग व्यर्थ जीवन के साथ घूमते रहते हैं। वे आधे-अधूरे लगते हैं, यहाँ तक की जब वे ऐसे काम करने में व्यस्त रहते हैं जो उन्हें लगता है कि महत्वपूर्ण हैं। ऐसा इसलिए होता है क्योंकि वे गलत चीजों का पीछा करते हैं।

— मॉरी श्वार्टज़ [43]

मनुष्य का जीवन उन पलों की एक अटूट श्रृंखला बन जाती है, जो आश्वस्ति हेतू चिंताओ में डुबा में होता...

— कार्ल बार्थ [44]

सृष्टी और मानव जाति के पीछे त्रिएक परमेंश्वर का आश्चर्यजनक मानव-प्रेम है। परम अनुग्रह में पिता, पुत्र और आत्मा ने अपने जीवन के महान नृत्य को बिना हमारे न जीने का चुनाव किया है। उन्होंने अपनी महिमा को अपने पास जमा करने के लिए नहीं, बल्कि उसे बांटने के लिए, अपनी संगति और भाईचारे, उनके प्रेम और हंसी, उनकी रचनात्मकता और गरिमा और उत्कृष्टता को हमारे साथ सांझा करने के लिए और मानव जाति के साथ मिलकर जीने के लिए चुना है।

---

43 मिच एलबम, *ट्युस्डे विद मॉरी* (न्यु यॉर्कः डबल डे 1997), पेज 43

44 कार्ल बार्थ, *चर्च डॉगमैटिक्स* (एडिनबर्ग: टी. एण्ड टी. क्लार्क, 1958) IV/2, पेज 469

यीशु मसीह में हमें दिया गया महान नृत्य हमारे मातृत्व और पितृत्व का और हमारे प्रेम और प्रसन्नता और खुशियों का रहस्य है। यह कार्य की, झीलों और पेंटिंग की घरों के निर्माण की, किराने की खरीदारी की और खाना पकाने की और खाने की महिमा है। यह बेसबॉल की खुशी की और जीवन में हर चीज की आत्मा, संगीत और हंसी की, दोस्ती और संगति की आत्मा है। पिता, पुत्र और आत्मा द्वारा सांझा किये गये जीवन का महान नृत्य हमारे जीवन के पर्दे के पीछे का रहस्य है और हमारी आत्माओं और सभी चीजों के माध्यम से बहने वाली अदृश्य नदी है।

मैंने इस बात पर जोर दिया है कि यह कोई ऐसा लक्ष्य नहीं जिसे हासिल किया जा सकता या एक सपना नहीं जिसे साकार किया जा सकता है। यह शुरवात से ही ऐसा है। दो दुनिया या दो मानव जातियां नहीं हैं, कि किसी एक को त्रिएक द्वारा निर्माण किया गया जो महान नृत्य में हिस्सा लेती है और दूसरी जो सिर्फ मानवी, सामान्य और संसारिक है। सिर्फ एक ही मानव जाति है, और जिसे यीशु मसीह में त्रिएक के चक्र में लाया गया है। इसलिए हमारे मानव अस्तित्व के बारे में कुछ भी सामान्य नहीं है। यह पिता, पुत्र और आत्मा के रिश्तों से भरपूर है।

यह चौंका देने वाला पुरस्कार, यह मिलन, यह जीवन यीशु मसीह में हमारे साथ सांझा किया गया, इसका मतलब यह नहीं है कि हम परमेंश्वर बन जाते हैं या परमेंश्वर मनुष्य बन जाता है। यह हमारी बर्बादी होगी, क्योंकि इसका मतलब होगा कि हम परमेंश्वर में इतने लीन हो गए हैं कि नृत्य में हिस्सा लेने के लिए कोई “हम” धारणा बची ही नहीं है। यह सर्वेश्वरवाद की बुनियादीं समस्या है - यह परमेंश्वर और दुनिया के बीच के संबंध को एक इकाई में जोड देती है, जैसे कि दुनिया, सभी व्यावहारिक उद्देश्यों के लिए अस्तित्वहीन है। मनुष्य अपनी विशेष व्यक्तिगत पहचान खो देता है जैसे पानी की एक बूंद नदी में गिरकर खो जाती है। सिक्के का दूसरा पहलु आस्तिकता या ईश्वरवाद है, जो परमेंश्वर और मानवजाति को अलग करता है। जबकि सर्वेश्वरवाद परमेंश्वर और संसार के बीच के अंतर को खो देता है, ईश्वरवाद उनके बीच हर सार्थक संबंध या रिश्तों को खो देता है। ईश्वरवाद में, परमेंश्वर एक दर्शक है जो हमें दूर से देख रहा है, और मानव अस्तित्व वास्तव में खाली और अर्थहीन और अस्थायी रुप से सिर्फ मानव है। सर्वेश्वरवाद

में, मनुष्य दैवीय सॉफ्टवेयर वाले कंप्यूटरों से ज्यादा कुछ नहीं हैं। ईश्वरवाद में, हम एक उत्साहपूर्ण चरित्र वाले रोबोट हैं और एक समय आने पर हमारी बैटरी भी खतम हो जाएगी।

दिलचस्प बात यह है कि सर्वेश्वरवाद और ईश्वरवाद दोनों का अंत एक ही आपदा के साथ होता है - मानव जाति जो सही मायने में खोई हुई है, या तो परमेंश्वर से बड़े पैमाने पर अलग होने द्वारा जिसका आखिरकार अस्तित्व नहीं होता या फिर दिव्यात्मा के साथ पूर्ण विलय द्वारा जो अनंत शांति है पर उस शांती को *हम* कभी नहीं जान पाएंगे। यह त्रिएक की प्रतिभा है कि वह हमें इस प्रक्रिया में खोए बिना त्रिएक के जीवन में एक वास्तविक स्थान देने का तरीका खोजता है। हम त्रिएक से जुड़े हुए हैं, पर उसमें सोखे गये नहीं है; हम एक हैं, पर हमेंशा के लिए और अपरिवर्तनीय रूप से अलग है। इस प्रकार हम न तो कंप्यूटर हैं और न ही स्वतंत्र जैविक जीवन का स्वरुप। हम परमेंश्वर के जीवन में सच्चे भागीदार हैं।

इस एकता के बिना, मानव जाति, और उसके साथ साथ मानव अस्तित्व को लेकर जो कुछ भी अच्छा, महान और सुंदर है- सारा प्रेम और जुनून, सारी रचनात्मकता और आनंद, सारा रोमांच और सीखना, सब कुछ बस लुप्त हो जाएगा। यह एकता, यीशु मसीह में गढ़ी गयी है, जो हमें त्रिएक जीवन में एक स्थान देती है, और इस कारण हम जीवित हैं और हमारे जीने के लिए एक वास्तविक जीवन है। और भेद का अर्थ है कि इसका अनुभव करने के लिए यहाँ एक वास्तविक “हम” है। यह परमेंश्वर की ओर से एक भव्य और शानदार कदम था। और जाहिर तौर पर, यह देखते हुए कि दैवीय इच्छा *हमारे लिए नृत्य के* विस्तार करने का एकमात्र कदम भी था। पर यह कदम जोखिम से भरा भी था।

जबकि यह एकता हमें एक अस्तित्व और महान नृत्य में एक स्थान देती है, और हमारी विशिष्टता (हम परमेंश्वर नहीं हैं) का अर्थ है कि स्वाद, महसूस करने और जानने की स्वतंत्रता है, पर यह विशिष्टता दरवाजे में एक दरार के रुप में भी है, जो सांप को भीतर आने दे सकती है। भेद विशिष्टता के बिना, सब कुछ इतना विलीन हो जाएगा कि हम सभी परमेंश्वर में विलीन होकर अपनी व्यक्तिगत पहचान खो देंगे। इसलिए विशिष्टता या अलग स्वरूप का होना हमारी

वास्तविक भागीदारी की रक्षा करता है। लेकिन यह हमारे चुँकने की संभावना को भी स्थापित करता है। यह हमारे भीतर भ्रम की संभावना, गंभीर भ्रम, गलत सोच में विश्वास, और इसी प्रकार हमारे वास्तविक अस्तित्व और जीवन में विकृति और मिलावट की संभावना को स्थापित करता है। यह संभव है, क्योंकि हम वास्तव में परमेंश्वर से अलग हैं, हम कौन है इस बारे में हमारा भ्रम अनजाने में हमारे अस्तित्व के खिलाफ काम करता है, उसे हानि पहुँचाता है।

मनुष्य के रूप में हम जिस बड़ी समस्या का सामना करते हैं, वह यह नहीं है कि हमें जीवन के महान नृत्य से बाहर कर दिया गया है, खारिज कर दिया गया है या त्याग दिया गया है। क्योंकि यीशु मसीह में त्रिएक परमेंश्वर ने हमारे लिए संपूर्ण सृष्टी को खोजा, और हमें ढूंढा, सारी अज्ञानता को दूर किया और हमें घर ले आया। हम जिस बड़ी समस्या का सामना कर रहे हैं वह है *अंधकार* की संभावना और अंधकार द्वारा त्रिएक के जीवन में हमारी भागीदारी में लानेवाली बाधा और हम अपने अंधकार में महान नृत्य के साथ क्या करते हैं।

एक कुटिल चाल

द स्क्रूटेप लेटर्स की मूल प्रस्तावना में, सी.एस. लुईस कहते हैं कि मनुष्य शैतान के बारे में दो गलतियाँ करता है। हम या तो शैतान, या बुराई की धारणा को पौराणिक या प्राचिन कथा के रुप में हल्के में लेते हैं, या हम इस पर बहुत अधिक ध्यान देते हैं। [45] जहाँ तक हम जानते हैं, शैतान एक गिरा हुआ स्वर्गदुत है और वास्तविक है पर उतना वास्तविक नहीं जितना कि पिता, पुत्र और आत्मा वास्तविक हैं, पर इतना वास्तविक की वह आपके और मेंरे लिए घातक है। अंत में, शैतान एक बूढ़े जादूगर से ज्यादा कुछ नहीं है, जो एक माया जाल को बुनता है। पर यह वह भ्रम है जो हमें गुलामी में झोंक सकता है और यहाँ पृथ्वी के हमारे जीवन में पूरी तरह आतंक मचा सकता है।

यह समझ से बाहर है, पर दुष्ट त्रिएकता से नफरत करता है। महान नृत्य से नफरत करता है। और बाकी सभी बातों के अलावा, वह आपमें और मुझमें पृथ्वी पर प्रदर्शित किये जाने वाले पिता, पुत्र और पवित्र आत्मा के नृत्य को देखकर

45 सी.एस. लुईस, द स्क्रूटेप लेटर्स (न्यूयॉर्क: साइमन एंड शूस्टर, टचस्टोन संस्करण, 1996), पेज

नफरत करता है। विडियो गेम की तरह दुष्ट का एक लक्ष्य है, इस ग्रह पर पिता, पुत्र और आत्मा द्वारा सांझा किये जाने वाले नृत्य को नष्ट करना।

दुष्ट तथ्यों को नहीं बदल सकता। वह चक्र में नहीं पहुंच सकता और ना ही हमें पिता की बाहों से छीन सकता है। उसका दर्जा त्रिएक परमेंश्वर के बराबर का नहीं है। वह हमारे और यीशु मसीह में गढ़े गए त्रिएक जीवन की एकता का घात नहीं कर सकता। वह संबंधों को बदल नहीं सकता। ना ही वह कोई दूसरी ऐसी मानव जाति बना सकता है जो उसकी अपनी हो और त्रिएक के संबंधों के बिना अस्तित्व में होगी।

केवल एक ही मानव जाति है, जो यीशु मसीह में त्रिएकता के जीवन से बंधी हुई है। दुष्ट त्रिएक जीवन में हमारी सहभागीता को बिगाड़ने या विकृत करने या उसमें जहर घोलने की संभावना तक सीमित है। और वह हमारी अनुमति के बिना, हमारे निर्णय के बिना, हमारी पसंद के बिना ऐसा नहीं कर सकता। वह हमें भ्रमित करने की रणनीति बनाता है ताकि हम अनजाने में, या फिर जानबूझ कर, जीवन के महान नृत्य में हमारी भागीदारी के खिलाफ कार्य और प्रदर्शन करें। उसके संचालन का क्षेत्र सटिक रुप से "आप" और खासकर, आपका दिमाग होता है। उसकी योजनाये सोच समझ कर धोखा देना होता है। और उसकी योजनाओं का सटीक लक्ष्य 'हम कौन हैं और हमारी पहचान को लेकर हमारी समझ' पर होता।

मैं "स्क्रूटेप लेटर" (सी. एस. लुइस) में डियाबोलिस द्वारा अपने सभी सेवकों को भेजे गए आदेश की कल्पना कर सकता हूँ, "तुम जो कुछ भी करो, इस तसल्ली से करो कि यह इंसानों को उनकी असली पहचान के प्रति अंधा बना दे। यदि वे करना चाहें तो उन्हें उनकी धार्मिक धारणाओं का अनुसरण करने दें और परमेंश्वर के बारे में बात करने दें, यहाँ तक कि यीशु मसीह के बारे में भी, पर उन्हें यह न देखने दें कि यीशु मसीह ने उन्हें पकड़ा है और अपने पिता के पास ले गया है। उन्हें यह न देखने दें कि उसने उन्हें चक्र में ले लिया है और उन्हें महान नृत्य में जगह दी है। उन्हें उनकी पहचान के बारे में अंधेरे में रखें। जब तुम उन्हें मसीह में उनकी वास्तविक पहचान के बारे में भ्रमित करोगे, तो वे अपने

उद्देश्य से चूक जायेंगे, वे अपने जीवन के अर्थ और गरिमा की दृष्टि खो देंगे। तब तुम उनपर विजय प्राप्त कर लेते हो। उसके बाद तुम्हें बस इतना करना है कि उन्हें ऐसा सुझाव दे कि जिस चीज को वो ढूंढ रहे हैं वह यहाँ इस व्यक्ति में, इस नई नौकरी में,इस पदोन्नति में, इस कार, इन पैसों, इन शारीरिक संबंधों में है। एक अंधविश्वासी की तरह, वे सीधे मूर्ति-पूजा से जुड़ जायेंगे। और उन्हें दी गई महिमा शून्यता और कलह में बदल जाएगी, महान नृत्य विकृत हो जाएगा और बंद हो जाएगा।"

मनुष्य के रूप में हमारी सबसे बड़ी समस्या यह नहीं है कि हमें चक्र से बाहर कर दिया गया है; हमारी बड़ी समस्या यह है कि हमें नहीं पता कि हम कौन हैं और यीशु मसीह में हमें क्या बनाया गया है। हमें यीशु के बारे में और अपने बारे में भरमाया और धोखे में रखा गया है। हमें गलत वस्तू बेची गई है, झूठ बोला गया है, भ्रमित किया गया है। हमने यीशु मसीह को कम आंका है। जिसके परिणामस्वरूप, हम कौन हैं और वास्तव में हमारे सामान्य जीवन में क्या हो रहा है इस बारे में हम गलत निर्णय लेते हैं ।

यीशु मसीह को कम आंकने और हमारी पहचान के प्रति गलतफहमी के परिणाम ने पूरी (पश्चिमी) दुनिया को चिंता और शोक की संस्कृति में बदल दिया है। उन दो गलत निर्णयों ने यूरोप और अमेंरिका और ऑस्ट्रेलिया को एक बड़े पैमाने पर पहचान संकट में और एक नई पहचान का आविष्कार करने के लिए पागल और उग्र दिखावे में डाल दिया है। उन दो गलत निर्णयों ने आपको एक गहरी और गहन चिंता में डाल दिया है जिसने आपको खुद की खोज करने के एक सफर में व्यस्त कर दिया है, और इस प्रक्रिया में आप अपनी सच्ची महिमा और मसीह में अपने सच्चे जीवन को खो रहे हैं।

पश्चिमी दुनिया स्वस्थ, शक्तिशाली और प्रशिक्षित है। हम अपार सुख-सुविधाओं और ऐश्वर्य और बहुतायत से हर साजो-सामान से आशीषित हैं। पर हमने इसका आनंद लेने की आजादी खो दी है। हम इतने चिंतित और घबराये हुये, अपने आप को और अपने मकसद को खोजने की कोशिश में इतने व्यस्त हैं कि अपनी वास्तविक महिमा को नजरअंदाज करते हैं और इसे कभी देख भी

नहीं पाते, आनंद लेना तो दूर की बात है।

हम मेंले में उस बच्चे की तरह हैं जिसे अचानक पता चलता है कि वह अपने माता-पिता से अलग हो गया है और खो गया है। वह हर उस चीज के बीच में है जिसके बारे में एक बच्चा सपने देखता है - झूला, खेल और पुरस्कार, कपास भरे जानवर, मीठे चाकलेट - लेकिन वह भीतर से इतना टूटा हुआ है कि उसे मेंला भी नजर नहीं आ रहा और आनंद लेने की स्वतंत्रता का हर भाग खो चुका है।

मनुष्य के रूप में हमारी सबसे बड़ी समस्या यह नहीं है कि हमें छोड़ दिया गया है। हमारी सबसे बड़ी समस्या यह है कि हम नहीं जानते कि हम कौन हैं। हमारे चारों ओर एक भयानक भ्रम पैदा किया गया है और हम यह नहीं देख पाते कि हमारी आंखों के सामने क्या सही है। या हम इसे देखते तो हैं, पर यह नहीं देख पाते कि यह क्या है। इसलिए पौलुस इफिसियों 1 में प्रार्थना करता है कि महिमा का पिता हमें प्रकटीकरण की आत्मा दे, ताकि हमारे मन की आंखें ज्योतिर्मय हों, ताकि हम देख सकें, जान सकें, और हम कौन हैं और महिमा और गरिमा और परिपूर्णता जो हमें यीशु मसीह में दी गई है दोनों को समझ सकें।

अंधेपन की कहानी

मुझे सी.एस. लुईस के उपन्यास, टिल वी हैव फेसेस,[46] से एक कहानी दोबारा सुनानी होगी जो हमें हमारी समस्या को समझने में मदद करेगी। लुईस की कहानी प्राचीन काल की है और मुख्य रूप से दो बहनों ओरुअल और साइकि के इर्द-गिर्द घूमती है। जो किंगडम ऑफ ग्लोम की राजकुमारियाँ हैं, जो प्राचीन युनान के पास कहीं है। राज्य में सब ठीक-ठाक है। जीवन अच्छा है। लेकिन बाद में बार-बार अकाल पड़ने लगता है, और देवी 'उंगित' के पुजारी राजा के पास एक भयानक खबर लेकर आते हैं कि देवी को “साइकि” की बली देनी होगी।

कुछ ही दिनों में, साइकि को नशीला पदार्थ दिया जाता है और पूरा

46 सी.एस. लुईस, *टिल वी हैव फेसेस* (न्यूयॉर्क: हार्कोर्ट, ब्रेस और जावनोविच, प्रकाशक, 1980)। अध्याय 13 भी देखें: *द क्रॉनिकल्स ऑफ नार्निया*, वॉल्यूम में “कैसे बौनों ने लेने से इनकार किया गया”। वॉल्यूम 7: *द लास्ट बैटल* (न्यूयॉर्क, कोलियर बुक्स: मैकमिलन पब्लिशिंग कंपनी, 1956) और लुईस की शानदार किताब, *द ग्रेट डिवोर्स* (न्यूयॉर्क, कोलियर बुक्स: मैकमिलन पब्लिशिंग कंपनी, 1946)

राज्य पवित्र वृक्ष तक एक पवित्र जुलूस निकालता है, जहाँ साइकि को जंजीर से जकड़कर जंगली जानवर द्वारा खाने के लिए छोड़ दिया जाता है। कई दिनों के बाद, शोकग्रस्त ओरुअल साइकि के अवशेषों को उचित रुप से दफनाने के लिए पवित्र वृक्ष की ओर जाती है। अंत में, वह वहाँ केवल यह पता लगाने के लिए पहुँचती हैं कि साइकि वहाँ है कि नहीं। वहाँ न खून, न हड्डियाँ, न फटे कपड़े के टुकड़े, कुछ भी नहीं मिलता। वह दुखी होकर नदी की ओर जाती है। वहाँ, एक पत्ते के नीचे, उसे साइकि की रूबी की अंगूठी मिलती है। वह उसे उठाती है और एक आवाज सुनकर उसे पहचानने की कोशिश करती है कि इसका क्या मतलब हो सकता है। वह नदी के उस पार नजर उठाकर देखती है, और वहाँ साइकि खड़ी नजर आती है !

ओरुअल हैरान हो जाती है। उसका दिमाग सोच नहीं पाता। क्या यह साइकि हो सकती है? नहीं, यह कोई भूत होगा। लेकिन नहीं, यह तो साइकि है, गोरी और सुंदर, वास्तव में पहले से कहीं अधिक सुंदर है। लेकिन यह एक सपना और देवताओं की एक भयानक चाल ही होगी। साइकि तो मर चुकी है, जिसे भयानक जंगली जानवर ने खाया था।

ओरुअल नदी पार करती है और अपनी बहन को गले लगाने के लिए दौड़ती है। यह कोई सपना नहीं है - साइकि जीवित है और ठीक-ठाक है। लंबे समय तक गले मिलने के बाद, साइकि ओरुअल को अपनी कहानी सुनाती है कि कैसे पश्चिमी हवा के देवता ने उसे जंगली जानवर से बचाया और उसे अपनी दुल्हन बनाकर अपने भव्य महल में रहने के लिए लाया। ओरुअल, साइकि को दोबारा पाकर बहुत रोमांचित होती है और यह सोचती है कि इस हादसे ने साइकि को भ्रमित कर दिया है, वह उसकी कहानी ऐसे सुनती है जैसे एक माँ अपने बेटे की लंबी कहानी सुनती हो।

साइकि ओरुअल को कुछ गज की दूरी पर पेड़ की नीचे बैठने कहती है। गर्मजोशी की मेंजबानी के साथ, वह ओरुअल को दाखरस का एक प्याला परोसती है, जो सबसे उत्तम प्याले में परोसा गया पसंदीदा दाखरस है। वह ओरुअल से पूछती है कि क्या उसे प्याला पसंद आया। ओरुअल सिर हिलाती

है और साइकि उसे उपहार के रूप में वह प्याला देती है। लेकिन सच्चाई यह है कि पसंदिदा दाखरस और एक शानदार प्याले की बजाय, ओरुअल को साइकि सिर्फ हाथों के चुल्लू द्वारा पास के एक तालाब से पानी पिलाती नजर आती है। वह अब भी यही समझती है कि साइकि को आघात पहुँचा है और वह इस बात पर रोमांचित होती है कि साइकि वापस लौट आयी है। लेकिन देवताओं और महलों के बारे में और सबसे खूबसूरत गाउन पहने जाने की साइकि की कहानी जारी रहती है। ओरुअल को कोई महल, कोई अलंकार नजर नहीं आता, बजाय इसके कि साइकि के शरीर पर सिर्फ लतायें हैं, ना कि कोई शानदार गाउन।

कुछ देर बाद ओरुअल अब इसे और सहन नहीं कर सकती। यदि साइकि जो कह रही है वह सच है, तो वह चमगादड़ की तरह अंधी है, और जीवन भर अंधी ही रही है। इसलिए उसे लगता है कि साइकि उसके साथ एक खेल खेल रही है और अपनी बहन से महल दिखाने की मांग करती है। जब साइकि सिर हिलाकर एक उत्सुक मुस्कान के साथ उसकी मांग का जवाब देती है तो ओरुअल हैरान हो जाती है। "बेशक, मैं दिखाऊँगी .... चलो अंदर चलते हैं ..." ओरुअल चिढकर अपने हाथों को उठाती है, मानों कह रही हो, "बस बहुत हो चुका!" लेकिन वह अपने होंठ काटती है और दोबारा नाटक जारी रखने का फैसला लेती है और पूछती है कि क्या महल यहाँ से दूर है। इसके साथ ही, साइकि मुड़ती है और ओरुअल को आश्चर्यजनक रूप से घूरती है। "कहाँ तक?" साइकि पूछती है। "महल तक," ओरुअल चिल्लाती है, "तुम्हारे भगवान के घर तक!"

"ओरुअल," साइकि घबराते हुये कहती है, "इसका क्या मतलब, कि क्या यह दूर है?" इस बात से ओरुअल डर जाती है, हालांकि उसे अभी भी सच्चाई का अंदाजा नहीं है। "क्या मतलब?" वह पूछती है। "यहाँ महल कहाँ है? वहां तक पहुंचने के लिए हमें कितनी दूर तक चलना होगा?"

साइकि रोने लगती है। अपने आँसुओं में सिसकियां लेते हुये, वह ओरुअल की आँखों में जोरों से घूरती है। "लेकिन यही तो है, ओरुअल! क्या तुम्हें यह दिखाई नहीं देता? तुम विशाल फाटक की सीढ़ियों पर खड़ी हो।" [47]

---

47   लुईस, टिल वी हैव फेसेस, पीपी. 115-116,

वहाँ वे दोनों सभी सपनों से परे और सभी बाधाओं के खिलाफ एक साथ खड़े होते हैं। साइकि काफी वास्तविक है। वह किसी सपने में नहीं है। लेकिन ओरुअल को कोई महल नजर नहीं आ रहा, कोई विशाल सीढ़ियाँ, कोई दाखरस, कोई प्याला, कोई गाउन नजर नहीं आ रहा; सिर्फ पेड़, लतायें और एक तालाब और कुछ अजीब पत्थर नजर आ रहे हैं।

देवताओं के नियमों के सम्मान में, ओरुअल को उस रात नदी के उस पार डेरा डालना पड़ता है। बस अंधेरे में वह आखिरी बार पानी पीने के लिए और आखिरी बार कोहरे में पानी के आर-पार नजर दौड़ाने के लिए नदी के पास टहलती है। और फिर, वह कहती है, "मैंने वह देखा जिसने मेंरे हृदय को मेंरे गले तक लाया।" उसकी आँखों के सामने विशाल और प्राचीन और सुंदर महल खड़ा था, "दीवारों, स्तंभ और मेंहराब और नक्काशी, एकड़ में, एक अद्भुत सौंदर्य था।"[48]

लेकिन यह एक छोटी सी झलक थी। विशाल महल उसकी दृष्टि से गायब हो जाता है, और ओरुअल अपनी प्राकृतिक दृष्टि की मानसिकता में लौट आती है। अंत में, सुंदर महल की एक झलक पाने के बावजूद, और साइकि के जीवन और प्रभा के प्रति अपनी स्पष्ट समझ के बावजूद, ओरुअल यह फैसला लेती है कि साइकि पागल है, और वह वापस ग्लोम की ओर चली जाती है।

अंधकार का तर्क

इससे अधिक मार्मिक या दुखद दृश्य की कल्पना करना कठिन होगा। कि ओरुअल सच्चाई के बहुत करीब होते हुये भी उससे बहुत दूर थी। वह इन सारी घटनाओं के बिचो-बिच होते हुये भी सच्चाई को समझ नहीं पायी। सब कुछ इतना अस्पष्ट, इतना रहस्यमय, इतना गूढ़, इतना असामान्य था, जैसे एक नजर का धोखा एक पल में सामने आता है तो दूसरे पल में गायब हो जाता है। इसे एक पल देखते ही वह सामने से चला गया, और वह समझ नहीं पायी कि यह सब किस कारण सामने आया था या इसके गायब होने का क्या कारण था या फिर वह सब वास्तविक था भी या नहीं।

48 लुईस, टिल वी हैव फेसेस, पेज 132

यह ध्यान रखना महत्वपूर्ण है कि यहाँ समस्या अनुपस्थिति की नहीं है। राज्य बिल्कुल वहीं मौजूद था, और ओरुअल इसमें काफी करीब से शामिल थी। वह संभवतः इससे ज्यादा उसके करीब नहीं हो सकती थी। लेकिन वह ठीक से देख नहीं पा रही थी। उसके पास सही आंखें नहीं थीं। एक भयानक और शैतानी परदे ने उसकी आँखों को ढँक दिया था।

बाइबिल में इसे आत्मिक अंधापन कहा गया है। यह एक प्रकार का विकार है जिसे बाइबिल "मन की आंखें" कहता है। यह सही तरीके से ना समझने की समस्या है, कि जीवन में वास्तव में क्या हो रहा है, इसे जानने और समझने में मुश्किल होती है। इसका स्रोत हम नहीं, बल्कि दुष्ट होता है। लेकिन बाइबिल हमें बताती है कि हम सभी इस विकार से पीड़ित हैं। हम में से प्रत्येक जन परदे से पीड़ित है। हम ओरुअल हैं। हम सभी तीव्र गड़बड़ी से पीड़ित हैं! हम टकटकी लगाकर परमेंश्वर की महिमा के चेहरे में तो देखते हैं, लेकिन हमारी दृष्टि इतनी कमजोर होती है कि हम इसे कभी नहीं देख पाते।

हमारा अंधापन काफी विनाशकारी है, लेकिन यह तो हमारी समस्या की सिर्फ शुरुआत है। क्योंकि हम अपने अन्धेपन से काम लेते हैं। हम अपने अंधेपन के कारण अपनी समझ अनुसार जीते हैं। हम अपने भ्रम अनुसार प्रतिक्रिया और उत्तर देते हैं। और जब हम ऐसा करते हैं, तो हमें दी गई परमेंश्वर की महिमा, मसीह में हमारा जीवन, महान नृत्य में हमारी भागीदारी, विकृत, दबी हुयी और दुरूपयोग की जाती है। हम जाने बिना ही अपने सच्चे जीवन के साथ हिंसा करते हैं।

जब हम यीशु मसीह में अपनी वास्तविक महिमा को नहीं देखते तब क्या होता है? जब हम अपने आप को अकेले और बाहर देखते हैं, जब हमें वास्तविक यीशु मसीह या महान नृत्य और उसमें शामिल होने के बारे में कोई जानकारी नहीं होती तब हम क्या करते हैं,? जब भ्रम होता है और हम गलत समझते हैं कि हम कौन हैं तब क्या होता है? मानव व्यवहार का एक निश्चित और स्पष्ट तरीका आत्मिक भ्रम का अनुसरण करता है। भ्रम लालसा की ओर ले जाता है, और लालसा खोज की ओर ले जाती है, और खोज आविष्कार की ओर ले जाती है, और आविष्कार खालीपन की ओर ले जाता है – गहरे और विशाल खालीपन

की ओर।

हम सभी के भीतर घर खोजने की एक अटूट इच्छा जन्म लेती है। हम महान नृत्य के लिए बने हैं और हम इसे जानते हैं, और हम इसके आनंद के लिए एक गहरी लालसा से ग्रस्त हैं। लालसा असंगत लगती है। जो हमारे भीतर एक शांत हताशा पैदा करती है, और शांत हताशा हमें अपने असली घर की तलाश में ले जाती है। हम सहमत हैं कि हम कुछ "नहीं" हैं और हमें कुछ "बनने" का रास्ता खोजने के लिए प्रेरित किया जाता है। हममें से अधिकांश लोगों को, मुझे लगता है, यह नहीं पता कि खोज हमारे लिए कितनी गहरी और प्रिय है या यह हमें कैसे पूरी तरह से प्रेरित करती है। लेकिन जब आप जो खोज रहे होते हैं वह आपको नहीं मिल पाता तब क्या होता है? जब आपकी एक के बाद एक खोज बेकार साबित होती है तब क्या होता है?

तभी हम खोज से आविष्कार की ओर बढ़ते हैं। क्योंकि जब आप वह नहीं पा सकते जिसके लिए आप तरसते हैं, तो आप उसका आविष्कार करते हैं। जब आप उस महिमा को नहीं देख सकते जो यीशु मसीह में हमें दी गई है, तो आप उस महिमा को बनाने की तैयारी करते हैं जिसे आप देख पायें। जब आप महान नृत्य का संगीत नहीं सुन सकते, तो आप अपना खुद का संगीत लिखने के लिए निकल पड़ते हैं। और जब हमारी गढ़ी हुई महिमा खोखली साबित होती है तब क्या होता है? जब हमारा संगीत असली नृत्य में नहीं बदलता तब क्या होता है? हम खाली, उदास, अकेले, चिंतित और क्रोधित, निंदक बनकर रह जाते हैं, और जीवन का महान नृत्य जिसे हमें सांझा करने के लिए दिया गया है, पहचान से परे विकृत बनकर रह जाता है।

एक सपना

मैं यहाँ एक सपने को फिर से बताना चाहूँगा जो हमें अंधकार के विकसित होने के तर्क को देखने में मदद करता है। लगभग हर दिन दोपहर सपने में, एक लंबा, दुबला-पतला, लगभग 55 साल का, एक साफ-सुथरी दाढ़ी वाला व्यक्ति एक स्थानीय पार्क की ओर जाता है। वहाँ वह भव्य प्राचीन ओक के पेड़ों के बीच

एक खाली स्थान पर खड़ा होकर सबसे अजीब और विचित्र, प्रथा करता है जो मैंने कभी देखा था। यह धीमी गति में *ताइक्वांडो* के बार्नी फ़ाइफ़ संस्करण की तरह लग रहा था। हफ्तों तक यही चलता रहा। धीरे-धीरे लोग उससे जुड़ने लगे, एक दिन ऐसा लगा जैसे पूरा शहर उसकी अगुवाई में चल रहा हो। हलचल अभी भी विचित्र थी, लेकिन वे धार्मिक रूप से एकसमान थे, जिसने प्रथा को एक तरह की दिलचस्प सुंदरता दी।

अंत में इस सब से मैं आकर्षित हुआ, और मैं उस लंबे व्यक्ति से बात करने के लिए उसके पास गया। मैंने उससे पूछा कि वह क्या कर रहा था, वे क्या कर रहे थे। उसने तुरंत ही ध्यान से, और उत्साह के साथ उत्तर दिया, "इसमें हम जीवन बनाने की कोशिश कर रहे हैं।"

उस जवाब ने कुछ भी कहने से मुझे निरुत्तर कर दिया, और जवाब देने के लिए मेंरा दिमाग काम नहीं कर रहा था। मैं बस वहाँ से चला गया, मैं ऐसा महसूस कर रहा था जैसे आप चर्च में एक अद्भुत उपदेश सुनते हैं, पर आप मुख्य बिंदु को पूरी तरह कभी समझ नहीं पाते। मेंरे जागरुक विचार की पहली दिशा इन पंक्तियों के साथ थी: शायद मुझसे कुछ छूट गया है, शायद मजाक मेंरे उपर ही था। आखिर कौन जीवन की चाहत नहीं रखता, और कौन अपने *जीवन* से पूरी तरह संतुष्ट होता है? शायद यह व्यक्ति कुछ ऐसा जानता है जो मैं नहीं जानता।

आगे चिंतन करने पर, मेंरा दिमाग "आविष्कार" शब्द पर केंद्रित हुआ। उसने यह नहीं कहा था, "हम जीवन को समझने की कोशिश कर रहे हैं," या "हम जीवन कैसे जियें समझने की कोशिश कर रहे हैं।" उसने कहा, "हम जीवन *बनाने* की कोशिश कर रहे हैं।"

यह एक साधारण अंतर है, पर बहुत बड़ा है। किसी चीज का निर्माण करना उसे समझने या सुधारने की तुलना में पूरी तरह से एक अलग क्रम में आता है। कुछ बनाने का मतलब है कि वह पहले से यहाँ नहीं है और आप उसे निर्माण कर रहे हैं या अस्तित्व में ला रहे हैं। वह जो अनुपस्थित है, और आप उसे उपस्थित करना चाहते हैं।

लेकिन यदि जो पहले से मौजूद हो तब क्या होगा? यदि यह पहले से ही यहाँ है, और बहुतायत से है तब क्या होगा? यदि समस्या यह नहीं है कि जिस चीज की हम इच्छा करते हैं वह अनुपस्थित है, लेकिन हम उसकी उपस्थिति के प्रति अंधे हैं तब क्या होगा?

उस लम्बे व्यक्ति और उसके अनुयायियों के मामले में, क्या होगा यदि वे जिस जीवन की तलाश कर रहे हैं वह पहले से मौजूद है, लेकिन वे नहीं जानते कि इसे कैसे देखा जाए? वे इसे नहीं पहचान सकते। मनुष्य को वास्तव में जिस चीज की जरूरत है, वह सृष्टी की रस्म नहीं है, बल्कि उसके चश्में के लिए एक नया नुस्खा है।

हम ओरुअल और अंधेपन की समस्या पर वापस आ गए हैं, लेकिन एक नए मोड़ के साथ जो महत्वपूर्ण है। यहाँ जो प्रकट होता है जो वह क्रमवार दुखद घटनायें है जो नजरअंदाज किये जाने के कारण उत्पन्न होती हैं। वह लंबा व्यक्ति अपने चारों ओर जीवन की महिमा नहीं देख पाता; इसलिए वह एक प्रथा तैयार करता है जिससे एक ऐसा जीवन बन सकता है जिसे वह देख सकता है। और वह खुदको और अपने जीवन को अपने नेक कर्मकांड के लिए समर्पित कर देता है और दूसरों को अपने पागलपन में आकर्षित कर लेता है।

और वह क्या है जो इस महान प्रथा में बनाया गया है? वास्तव में प्रथा क्या उत्पन्न करती है? क्या यह जीवन है? क्या यह महान नृत्य है? क्या यह असली महिमा है? या यह केवल एक भ्रम है, एक होलोग्राम, शक्तिहीन गतिविधि है? और उन बेचारे लोगों का क्या होता है जो बयानबाजी और भ्रम को अपनाते हैं? उन लोगों का क्या होता है जो स्वयं को उसकी प्रथा में भाग लेने के लिए सौंप देते हैं, जो उसमें अपनी आशा रखते हैं और अपना समय, ऊर्जा और प्रयास डालते हैं? क्या अंत में उन्हें वह चीज मिल जाती है जिसकी वे खोज में है, या क्या यह पूरी प्रक्रिया उन्हें खोया हुआ, वास्तविक महिमा से बेखबर, और ज्यादा से ज्यादा खाली और दुखी छोड़ देती है?

वह लंबा व्यक्ति मानवीय स्थिति का दृष्टांत है। जब हम महिमा नहीं देख पाते, तो हम एक ऐसा आविष्कार करते हैं जिसे हम देख सकें। और हमारे

आविष्कार जटिल होलोग्राम से ज्यादा कुछ नहीं हैं। जो कोई वास्तविक्ता नहीं हैं। वे हमें यीशु मसीह में हमें दी गई महिमा का अनुभव करने में मदद नहीं करते हैं। सच तो यह है, वे मसीह में हमारे सच्चे जीवन के विरुद्ध कार्य करते हैं। वे त्रिएक के नृत्य में हमारी भागीदारी के खिलाफ काम करते हैं।

हमारे आविष्कार सिर्फ ध्यान भटकाने से ज्यादा कुछ नहीं हैं। वे हमारे अंधेपन को बढ़ाते हैं और हमारे भीतर एक दरार पैदा करते हैं कि हम वास्तव में मसीह में कौन हैं और हम अपने आप को क्या समझ रहे हैं। वे हमारे भीतर एक आत्मिक पागलपन, एक गहरी अयोग्यता पैदा करते हैं। एक सत्य कि "हम यीशु मसीह में" है और दूसरा "हम अपने आपको क्या समझते हैं"। और मसीह में हमारा एक वास्तविक जीवन है, और दूसरा वह जीवन जिसे हम जीने की कोशिश कर रहे हैं। अपने आविष्कारों की खोज में हम जो भी कदम उठाते हैं, वह अयोग्यता को गहरा करता है। हमारी विचित्र प्रथा में हमारा हर कदम, वास्तव में, हमारे " झूठे अस्तित्व को" वास्तविक्ता और आकार को सच बनाते हैं और हमारी "अपने सच्चे अस्तित्व का" दम घोट देते हैं। हम अपने दिमाग में एक महान आदर्श बनाते हैं, और हम उसका पीछा करते हैं, जो "हमारी असलीयत" और हमारे "सच्चे जीवन" को दबा देता है और हमें खाली, उदास और अकेला छोड़ देता है। [49]

श्रीमती फ़िजेट के अंधकार से ज्योति

सी. एस. लुईस के लेखन में मेंरे पसंदीदा पात्रों में से एक श्रीमती फ़िजेट नामक की एक महिला है।

> मैं श्रीमती फ़िजेट के बारे में सोच रहा हूँ, जिनकी कुछ महीने पहले मृत्यु हो गई थी। यह वास्तव में आश्चर्यजनक है कि उसका परिवार कैसे रोशन हुआ.... श्रीमती फ़िजेट अक्सर

49 फ्रेडरिक ब्यूचनर की टिप्पणी पर गौर करें, "...हम जाहिर तौर पर हमारे मूल रुप की बजाय खुद को इस उम्मीद से कुछ ऐसा बनाने की कोशिश करते हैं कि दुनिया इसे बेहतर पसंद करेगी। जो हमारे पूरे जीवन की कहानी है, कहने की जरूरत नहीं, कि इस कहानी को जीने की प्रक्रिया में, मूल, जगमगाहट स्वयं इतना गहरा दब जाती है कि हम में से अधिकांश शायद ही इसमें जी पाते हैं। इसके बजाय हम अन्य सबकछ खुद के अनुसार जीते हैं जिन्हें हम दुनिया के मौसम के खिलाफ कोट और टोपी की तरह पहन और उतार रहे हैं" *(टेलिंग सीक्रेट्स*, [सैन फ्रांसिस्को: हार्पर, 1991] पेज 45)

> कहा करती थी कि वह अपने परिवार के लिए जीती हैं। और यह झूठ नहीं था। यह बात मोहल्ले के सभी लोगों को पता थी। 'वह अपने परिवार के लिए जीतीं है,' वे यह कहते; 'क्या पत्नी और माँ है!' वह सबके कपड़े धोती; सच में, हालांकि वे कपड़े धोने के लिए लॉन्ड्री में भेज सकते थे, और वे अक्सर उससे ऐसा न करने के लिए मिन्नतें करते थे। लेकिन फिर भी वह करती। घर पर रहने वाले किसी भी व्यक्ति के लिए हमेंशा दोपहर और रात में गर्म भोजन हाजिर रहता (यहाँ तक कि गर्मियों में भी) था। वे उसे ऐसा नहीं करने के लिये कहते। वे लगभग अपनी आँखों में आँसूओं (और सच्चाई के साथ) के साथ मिन्नतें करते कि उन्हें ठंडा खाना पसंद है। इससे कोई फर्क नहीं पडा वह बस अपने परिवार के लिए जी रही थी... श्रीमती फ़िजेट जैसा कि वह अक्सर कहती थीं, कि वह अपने परिवार के लिए 'अपनी एड़ी चोटी एक कर देंगी'। वे उसे रोक नहीं पाए। सभ्य लोग होने के कारण वे भी केवल शांत बैठकर उसे काम करते देख सकते थे। फिर उन्हें भी हाथ बटाना पडता था। वास्तव में उन्हें हमेंशा मदद करनी पडती थी। यानी, वे उसके उन कामों में मदद करते जिसकी उन्हें जरुरत नहीं होती थी..... [50]

श्रीमती फ़िजेट की समस्या शादी नहीं थी, रिश्ते नहीं थे, मातृत्व नहीं थी। श्रीमती फ़िजेट की समस्या खुद के प्रति उनका नजरिया था।

दुष्ट ने उसके कान में फुसफुसाया था कि वह खास नहीं है, स्वीकारयोग्य नहीं है वह जैसे है, अच्छी नहीं है। उसने अपने झूठ को उसके कान में फुसफुसाया कि वह महिमा और जीवन के द्वार के गलत तरफ है, बाहर, और सत्य से बाहर रखा गया है। और वह उसकी फुसफुसाहट पर विश्वास करती थी। वह मानती थी कि वह कुछ "नहीं" है। इसलिए उसने कुछ "बनने" का सपना देखा। उसने क्या

50 सी.एस. लुईस, *द फोर लव्स* (न्यूयॉर्क: हार्कोर्ट ब्रांस एंड कंपनी, ए हार्वेस्ट बुक, पुनर्मुद्रित 1991), पेज 48-50.

किया? उसने अपने दिमाग में एक आदर्श, लक्ष्य एक महान चित्र का आविष्कार किया। उसका मानना था कि यदि वह आदर्श हासिल कर पायेगी, *तो* वह कुछ बन जाएगी, *तब ही* वह स्वीकारयोग्य होगी, *तब ही* वह जीवन में, महिमा सहित जीवित रहेगी।

क्या आप देख रहे हैं कि यह कैसे काम करता है? श्रीमती फ़िजेट को अपना पारिवार प्रिय नहीं था। वह खुद से और अपने सपने से प्रेम करती थीं। उनके लिये उनका परिवार उनकी दुनिया नहीं थी; पर उनका आदर्श था, उनका महान आदर्श था। उन्होंने अपने परिवार के लिए एड़ी चोटी लगाकर काम नहीं किया था। पर कुछ बनने के सपने के लिए अपनी एड़ी चोटी लगाकर काम किया था। उसका लक्ष्य उसके लिए सब कुछ था। वह उससे बंधी हुइ थीं, उसके बंधन में थीं। उन्होंने अपने परिवार को अपने अंधकार में घसीटा, उनके महान आदर्श में उनकी किसी भी चाहत या जरुरत की परवाह किये बिना उनके साथ भाग लेने के लिए उनके साथ छेड़छाड़ की। और उन्हें और उनके परिवार को दिया गया त्रिएक का नृत्य, उनकी असली महिमा में, जहर घोल दिया गया, दम घोंट दिया गया, इस हद तक बंद कर दिया गया कि जब वह आखिरकार दुनिया से चली गई तब उनका परिवार “रौशन” हुआ।

श्रीमती फ़िजेट और मानव जाति

श्रीमती फ़िजेट, उस लम्बे व्यक्ति की तरह, मानव जाति की, आपकी और मेंरी एक तस्वीर है। उनके साथ जो हुआ वह हमारे अंधकार में हमारे साथ जो होता है इसकी एक तस्वीर है। हम दुष्ट के झूठ में गिरते हैं। हम उसकी कानाफूसी में विश्वास करते हैं कि हम कुछ “नहीं” हैं, स्वीकारयोग्य नहीं हैं, विशेष नहीं हैं, महत्वपूर्ण नहीं हैं, महिमा के भीतर नहीं हैं, वास्तविक सत्य का भाग नहीं हैं, जीवन में जीवित नहीं हैं, अब तक “वहां” पहुँचे नहीं हैं। तो हम वही करते हैं जो श्रीमती फ़िजेट ने किया था। हम अपने दिमाग में एक महिमा, एक आदर्श, एक महान आदर्श का आविष्कार करते हैं, हम एक सपना देखते हैं जिसपर हम विश्वास करते है कि इससे हमें जीवन मिलेगा। हम एक ऐसी पहचान बनाते हैं जिसके बारे में हमें विश्वास होता है कि यह हमारे जीवन की पहेली को सुलझा

देगा। बाइबिल इसे "मूर्तिपुजा" कहती है, क्योंकि हम जो आविष्कार कर रहे हैं वह किसी प्रकार के देवता से कम नहीं है जिसपर हम विश्वास करते हैं कि वह हमें वो सब देगा जो हमारे पास नहीं है।

मुझे संदेह है कि ज्यादातर लोगों को पता नहीं होता कि उनके भीतर क्या चल रहा है। वे फुसफुसाहट के बारे में नहीं जानते। वे धोखे के बारे में नहीं जानते, और उन्हें पता नहीं चलता कि वे खुद को नया बनाने और एक महान जीवन जीने की कोशिश कर रहे हैं। और अधिकांश लोग निश्चित रूप से खुद को बंधन में नहीं समझते हैं। श्रीमती फ़िजेट ने नहीं समझा। उसने खुद को यकीन दिलाया था कि वह अपने परिवार के लिए जी रही है। लेकिन ऐसा नहीं था। वह अपने सपने के लिए जी रही थी और इस प्रक्रिया में, उसे और उसके परिवार को दिए गए त्रिएक के नृत्य के दरवाजे बंद कर रही थी।

एक युवती अपने विवाह को लेकर काफी उत्साहित होती है। यह जाने बिना कि वह क्या कर रही है, वह अपनी सारी उम्मीदें अपने पति से लगाती है। वह झूठ पर विश्वास करती है कि वह कुछ "नहीं" है और वह अपने पति और उनकी शादी को कुछ "बनने" की उम्मीद करती है। वह एक ऐसे रिश्ते का आविष्कार कर रही है जिसके बारे में उसे विश्वास है कि वह उसमें जान डाल देगा और वह महानता अपने पति पर थोप देती है। पहले तो वह उसकी ज़रूरतों को पूरा करने की पूरी कोशिश करता है, जैसा कि अधिकांश युवा पति करते हैं। उसे यह जानकर बहुत अच्छा लगता है कि उसका महत्व है। वह अपना सब कुछ देता है जो उसके पास है। लेकिन यह आश्चर्यजनक रूप से वास्तव में कभी पूरा नहीं पड़ता। और ना ही कभी काम नहीं करता। पहले कुछ वर्षों के लिए, वह कड़ी मेंहनत करता है, और वह आशा करना जारी रखती है कि चीजें आगे चलकर बदल जाएंगी - कि उसका विवाह उसके देखे गये सपने जैसा बनता जायेगा। लेकिन जैसे-जैसे समय बीतता है, वह अविश्वसनीय, असहनीय दबाव महसूस करने लगता है। वह फंदे में फंसे जैसा महसूस करने लगता है। जो कुछ भी वह अपनी पत्नी लिए बनना चाहता था, वह नहीं हो सकता था। वह महत्वहीन, कम आंकने वाली, अपमानित, क्रोधित और निराशा महसूस करने लगती है। नृत्य भस्म हो जाता है।

हमारी अपनी सोच की बाधाए

सभी संभावनाओं में, वह अपने मातृत्व और अन्य रिश्तों और काम में महत्वहीनता और क्रोध की भावना लाती है, और यह सोचना दूर की बात नहीं होगी कि वह हर दूसरे पुरुष को अपने पति की अक्षमताओं के नज़रिये से देखती है, कहने के लिये, उन्हें एक ही नाप से नापती है, और इस प्रकार हर जगह अंधकार के बीज बोये जाते हैं। इसी तरह, युवा पति काम पर अपनी अयोग्यता की भावना लेकर जाता है, और खुद को सही ठहराने की एक अथक आवश्यकता में तब्दील हो जाता है, या तो प्रदर्शन द्वारा या अधिक पैसा कमाकर, या कंपनी का विस्तार करने द्वारा। और मान लीजिए कि वह प्रबधंन में है और उस पर 50 या उससे अधिक कर्मचारियों की जिम्मेंदारी है। यह देखना मुश्किल नहीं है कि कैसे रणनीतिक रूप से रखा गया एक छोटा सा झूठ एक वैवाहिक जीवन में कहर बरपाता है और मानव जीवन में लुढ़कते रहता है।

समस्या वैवाहिक जीवन नहीं है। समस्या यह है कि हम मेंले में बच्चे की तरह हैं और हम अपने उद्धार के लिए एक महान विवाह की योजना बनाते हैं। हम श्रीमती फिजेट की तरह हैं। और जब हम अपने महान आदर्शों, अपने सपनों, अपने गुप्त कार्य-सुचियों को अपने रिश्तों पर थोपते हैं, जब हम अपने महान आदर्शों में अपने साथ भाग लेने के लिए लोगों को गुमराह करते हैं, तो वास्तविक रिश्ते निराश हो जाते हैं, संगति नष्ट हो जाती है। नृत्य के दरवाजे बंद हो जाते हैं।

पश्चिमी दुनिया नौजवानों से भरी हुई है, जिन्हें पता नहीं होता कि वे कौन हैं। उनसे झूठ बोला गया है, और उनका मानना है कि वे कुछ “नहीं” हैं। और कुछ बनने का सपना देखते हैं। वे एक महान आदर्श के रुप में एक झूठी महिमा का आविष्कार करते हैं। और बड़ी उम्मीद के साथ काम की ओर रुख करते हैं, कि वह सब उन्हें कुछ बना देगा, और सम्मान देगा। और यह उनके लिए बहुत मायने रखता है, जो उनकी रग-रग में बसा है। जब वे घर पर होते हैं, तो वे घर पर नहीं होते। सिर्फ शरीर में वहाँ होते हैं, पर कुछ बनने के अपने सपने में इतने बंधे हुए, अपने महान कार्यों में इतने व्यस्त होते हैं, कि वे कभी भी अपनी बेटी के हृदय पर लिखे परमेंश्वर के आनंद पर गौर नहीं करते। वे अपने बेटों को कभी समझ नहीं पाते। अपनी पत्नियों को कभी देख नहीं पाते कि वह वास्तव में कौन हैं। वे हर

शुक्रवार दोपहर को परंपरा अनुसार गोल्फ खेलते हैं, लेकिन वे इतने प्रेरित होते हैं कि वास्तव में कभी *खेलते* नहीं हैं। और जब वे पदोन्नति के योग्य हो जाते हैं और कोई और रास्ते में आ जाता है तब क्या होता है?

कुछ साल पहले, एक बच्चे ने वास्तव में नाइके बास्केटबॉल जूतों की एक जोड़ी के लिये अपने दोस्त की हत्या कर दी थी। मैं उस भयानक त्रासदी की बारीकियों को नहीं जानता, लेकिन हत्या के स्रोत को जानता हूँ। हत्या के पीछे हर रूप में बुराई है, चाहे वह दूसरों पर अपने सपने थोपने से हो, या गपशप और बदनामी, या विश्वासघात, या काम पर किसी की पीठ में छुरा घोंपकर, या सच में किसी की जान लेकर हो। बच्चे की हत्या और हर हत्या की यह राह "मैं कुछ नहीं हूँ" की कानाफूसी से शुरू होती है।

रास्ते में कहीं न कहीं, बच्चे ने दुष्ट के झूठ पर विश्वास किया कि वह कुछ "नहीं" है। और उसने कुछ बनने का सपना देखा। उसने खुद को एक महान आदर्श बनाने का आविष्कार किया। जो एक मात्र उसकी पहचान का स्रोत था, वह है कंपनी द्वारा बढ़ा चड़ा कर प्रचार किया जाना। उसका विश्वास उन जूतों में था। उसके पास बस इतना ही था। उसका मानना था कि वे उन्हें एक पहचान दे सकते हैं, उसे विशेष बना सकते हैं, उसे " कुछ " बना सकते हैं। और विश्वास इतना मजबूत था, उसके पीछे आत्मिक पीड़ा इतनी तीव्र थी, और हताशा इतनी गहरी थी कि वह कुछ भी करने के लिए तैयार था, यहाँ तक कि उन जूतों को पाने के लिए अपने दोस्त की हत्या भी।

यही है अंधकार का तर्क। जो दुष्ट के फुसफुसाने द्वारा झूठ से शुरु होता है कि "मैं कुछ नहीं हूँ"। और हम उसके झूठ पर विश्वास करते हैं और ओरुअल, पार्क में का लंबा व्यक्ति, श्रीमती फिजेट बन जाते हैं। हम एक सपना देखते हैं और अपने दिमाग में एक महिमा और एक महान आदर्श का आविष्कार करते हैं, और उसे पाने के लिये अपनी एड़ी-चोटी का जोर लगा देते हैं और ना केवल अपनी वास्तविक महिमा को खो देते हैं पर अनजाने में इसमें जहर भी घोल देते हैं, पिता, पुत्र और आत्मा के जीवन को और हमें दिये गये महान नृत्य को नष्ट कर देते हैं, और अपने अस्तित्व के प्रति हिंसक हो जाते हैं।

श्रीमती फिजेट और पश्चिमी संस्कृति

श्रीमती फ़िजेट न केवल मानव जाति की तस्वीर हैं, पर पश्चिमी संस्कृति की भी तस्वीर हैं। पश्चिमी दुनिया की सारी महानता के नीचे पहचान का गहरा संकट है, अर्थ, उद्देश्य और गरिमा का संकट है। हमने त्रिएक को खो दिया है। हमने असली यीशु को खो दिया है। हमारे पास केवल साधारण और काल्पनिक भगवान थे, और जब न्यूटन को अपनी मशीननुमा सृष्टी का खयाल आया तो उसने उसे भी खतम कर दिया। जब ऐसा हुआ, तो परमेंश्वर एक दर्शक में बदल गया, और हमने अपनी पहचान का रहस्य और पृथ्वी पर होने के हमारे कारण को खो दिया। इसलिए पश्चिमी संस्कृति ने एक नई पहचान का आविष्कार करने, एक नया जीवन बनाने, अर्थ निर्माण करने, कुछ ऐसा सपना देखने के लिए एक मिशन शुरू किया जिससे हमें महत्व और गौरव मिले। हम महिमा के निर्माण के एक पागलपन और हताशा से भरे प्रयास में पौराणिक ओलंपिक खेलों और सुपर बाउल्स और वर्ल्ड सिरीज का आविष्कार करने में लाखों डॉलर खर्च करते हैं, और अपने बच्चों की अनंत महिमा की मौजूदगी को कभी नहीं देख पाते। प्रसिद्धि का भ्रम पैदा करने के लिए असीमित समय और डॉलर खर्च किए जाते हैं, तब जाकर इसे महिमा की ऊँचाई के रूप में हमारे सामने पेश किया जाता है, फिर भी हमारे दिमाग में यह कभी नहीं आता कि सर्वशक्तिमान पिता परमेंश्वर हमें नामों से जानता है और हमें चाहता है।

आधुनिक पश्चिमी दुनिया के इतिहास को एक लंबी और हताशा से भरी खोज के रूप में लिखा जा सकता है जिसने एक आसान आविष्कारों की एक श्रृंखला को जन्म दिया, हमारा मनोरंजन किया और हमें एक या दो पल के लिए विचलित भी किया, लेकिन हमारे दिलों को कभी संतुष्ट नहीं किया, ना ही कभी वास्तविक महिमा दी। इसके अलावा, उसने हमें बहुत जल्द अपने सच्चे जीवन से बेखबर बनाकर छोड़ दिया है। आधुनिक पश्चिमी इतिहास एक चोट खाई आत्मा की कहानी है जो देवी-देवताओं, शक्ति के खेल और भव्यता के भ्रम का आविष्कार करती है; एक के बाद एक विचित्र प्रथाओं; और अपने आपको सहमत कराने के लिए लगातार बढ़ावा देते रहते हैं कि हमने जो आविष्कार किया है वह

वास्तविक है। हमारे पास सब कुछ है, लेकिन हम इस सब से ऊब चुके हैं, और बेहद उदासीन हैं। पश्चिमी दुनिया में आज नाम के लिये हमारे हाथों में शोक की संस्कृति है। हम गहराई से जानते हैं कि हमने महान नृत्य को नजरअंदाज किया है, और हम नुकसान का शोक मना रहे हैं। यह अच्छा भी है। जिसका मतलब है कि हम देख रहे हैं कि हमने क्या आविष्कार किया है। हम इसके खालीपन और अर्थहीनता को महसूस कर रहे हैं। इसका मतलब है कि हम ज्योति पाने से एक कदम करीब हैं। और यह ग्लोम से बाहर निकलने का पहला कदम है।

श्रीमती फ़िजेट और चर्च

श्रीमती फ़िजेट मानव जाति और पश्चिमी संस्कृति की एक तस्वीर है, और यह भी एक दुख की बात है, एक चर्च की भी तस्वीर है। चर्च को महिमा को देखना और यह जानना चाहिए कि इसमें कैसे बने रहना है। लेकिन चर्च दुनिया की तरह अंधा है, और क्योंकि चर्च महिमा को नहीं देख पाया, तब वह एक ऐसी महिमा पैदा करने के लिए निकल पड़ा है जिसे वह देख सके। और फिर यह बाइबिल के सभी महान शब्दों को लेता है—परमेंश्वर का राज्य, उद्धार, बहुतायत का जीवन, आत्मा का बपतिस्मा—और आत्मविश्वास से उन्हें अपने महिमा के आविष्कार के पक्ष में चिपका देता है। खुद को और दूसरों को यकिन दिलाने की कोशिश में असीमित ऊर्जा खर्च की जाती है कि उन्होंने जो आविष्कार किया है वही वास्तविक है। और जो कोई भी इसकी गढ़ी हुई महिमा के बारे में सवाल उठाने की हिम्मत करता है, उसे मूल चर्च की शांति और एकता को भंग करने के लिए पूरी तरह से शर्मिंदा किया जाता है।

लेकिन उन बेचारे लोगों का क्या होता है जो कार्यक्रम का भाग बनकर, चर्च के नियम पालन करने का प्रयास करते हैं, जो एक अंधे व्यक्ति की अगुवाई में विचित्र धार्मिक प्रथा का पालन करते है? क्या उन्हें नदी, नृत्य और महिमा प्राप्त होती हैं? वे दुख, खालीपन, ऊबे हुये, क्रोध और उदासी से भरे हुये हैं, और सबसे गंभीर बात यह है कि यीशु के बारे में अनजान हैं। उन छोटे बालकों और बालिकाओं का क्या जो अपनी आत्मा की गहराई में जानते हैं कि महिमा की एक

नदी है जो जीवन से होकर बहती है और उन्हें कहा जाता है कि चर्च ने जिस चीज का आविष्कार किया है वह नदी ही है?

पश्चिमी चर्च इन दिनों एक नई समस्या का सामना कर रहा है, जिसका सामना उसने कभी नहीं किया। पश्चिमी चर्च के लिए आज समस्या यह है कि लोगों ने वही किया है जो चर्च ने उन्हें करने के लिए कहा था, उन्होंने वही किया है जो प्रचारकों ने उन्हें करने के लिए कहा था, उन्होंने कार्यक्रम का और बाइबिल के नाम पर विचित्र धार्मिक परंपराओं का पालन किया। और उन्हें कोई महिमा, कोई नदी, कोई महान नृत्य नहीं मिला। ऐसा लगता है कि पश्चिमी दुनिया में चर्च के अलावा हर कोई इसे जानता है। लोग चर्च की नहीं सुन रहे हैं। और ऐसा इसलिए नहीं है क्योंकि वे परमेंश्वर से घृणा करते हैं। ऐसा इसलिए है क्योंकि उन्होंने सुना और वही किया है जो चर्च ने उन्हें करने के लिए कहा था, और इस बात ने उन्हें खाली छोड़ दिया है। क्या ऐसा हो सकता है कि पश्चिमी चर्च आज ऐसे लोगों से भरा हुआ हो जो बेहतर जानते हैं, लेकिन अपने धार्मिक आदर्शों का सामना करने के दर्द से इनकार करना पसंद करते हैं, और क्या यह दर्द उन्हें वास्तविक महिमा की ओर ले जाता है? क्या ऐसा हो सकता है कि मसीहियत में दुनिया की उदासीनता इस तथ्य के कारण यह है कि दुनिया उस नकारने और धार्मिक खालीपन को देखती है जिसे वे जन्म देते हैं जिससे वह कुछ भी नहीं चाहती?

जगत की आशा

क्या यह संभव है कि पिता, पुत्र और आत्मा इन लापरवाहियों को देख रहे हो? क्या गोद लेने की आत्मा के लिए यह संभव है कि मानव जाति को अंधकार में इस तरह से लड़खड़ाते हुए देख सके जबकि उसे महान नृत्य में शामिल किया गया हो? मैं तुमसे कहता हूँ कि आत्मा इसे सहन नहीं कर सकता। वह आपको और मुझे श्रीमती फिजेट बनते हुए नहीं देख सकता। वह त्रिएक परमेंश्वर की सृष्टी को इतना विकृत होते हुए नहीं देख सकता की वो पहचान में ना आए। वह हमें पार्क में लंबे व्यक्ति की तरह जीते हुए, दुष्ट के झूठ के लिए गिरते हुए और हमारे जीवन को कुछ महान आदर्श महिमा का पीछा करते हुए, एक विचित्र प्रथा करते

हुए नहीं देख सकता है जो हमें नष्ट कर रही है।

गोद लेने की आत्मा, सत्य की आत्मा को, आप और मुझ पर, और संसार पर उंडेला गया है।[51] और वह हमें सिखाने, प्रकाशित करने, और सत्य की गवाही देने के लिए आता है। वह हमें अँधकार के पार देखने में मदद करने के लिए आता है और देखता है कि हम यीशु मसीह में कौन हैं और उस आश्चर्यजनक पुरस्कार को समझाने जो हमें उसमें दिया गया है। सत्य की खोज करने में हमारी मदद करने के लिए, वह हमारी मूर्खता, हमारे बंधन, अंधकार में हमारे आत्म-विनाशकारी जाल को उजागर करता, हमारे भ्रम तथा तरीके जो असल में विनाशकारी होते है उन्हें जानने के दर्दनाक प्रकिया में हमारे साथ चलता है।

जगत की आशा, आपके और मेंरे जीवन की आशा, यह है कि पवित्र आत्मा गोद लेने की आत्मा है, सत्य की आत्मा है, पिता और पुत्र के अनंत मकसद की आत्मा है, और यह कि उसके पास हमेंशा के लिए एक जुनून है ताकि हम महान नृत्य का अनुभव करें। इसलिए वह हमारे पास आता है ताकि हमें सच दिखा सके, हमारे भ्रम का गुब्बारा फोड सके, हमारी गलत सोच, हमारे मजबूत, हमारे आविष्कारों पर अधिकार लेने, हमें उचित विश्वास में अगुवाही करने, हमें अंधकार के आर-पार देखने के लिए प्रशिक्षित करने। वह हमें सिखाने आता है कि कैसे फुसफुसाते हुए झूठ का पता लगाया जाए, कैसे अच्छे और बुरे की पहचान की जाए, कैसे "मैं कुछ नहीं हूँ" का विरोध करें और "हाँ, मैं कुछ हूँ" कहें, और कैसे उसमें चलें और उसकी स्वतंत्रता में रहें। वह हमें सत्य की खोज करने, उसे स्वीकार करने और उस पर विचार करने के लिए अगुवाही करने के लिए आता है।

पिता, पुत्र और आत्मा ने अपने गहरे अनुग्रह और आश्चर्यजनक मानव-प्रेम में अपनी महिमा और परिपूर्णता, आनंद और संगति को जमा कर रखने के लिये नहीं चुना है। उन्होंने हमारे बिना आपके और मेंरे बिना, अपने जीवन और गौरव के नृत्य को ना जीने का चुनाव किया। लेकिन हमें फँसाया गया है, झूठ बोला गया है, यीशु मसीह के बारे में और अपने बारे में धोखा दिया गया है। हम इस सब के बारे में बहुत भ्रमित हैं, और हम अनजाने में नृत्य में अपनी भागीदारी के

51 यूहन्ना 16:7 देखें

लिए हिंसा कर रहे हैं। गोद लेने की आत्मा हमारे भ्रम को सहन नहीं कर सकता। इसलिये वह हमें छुड़ाने के लिये हमारे पास आया, और जब तक पृथ्वी यहोवा के ज्ञान से ऐसी भर न जाए, जैसे जल समुद्र में भर जाता है, तब तक वह हमें छुड़ाये बिना हार नहीं मानेगा।[52]

---

52   यशायाह 11:9 देखें

5

हमारी सही सोच में

विश्वास और नृत्य की रिहाई

आत्मा में एक आग है जो ऊपर से आती है और आत्मा जो कुछ भी इस जीवन में करती है वह ज्यादातर उस आग से प्रेरित होता है।

— रॉनल्ड रोलहाइज़र [53]

चलते रहो, तुम्हें हमेंशा याद रहेगा, चलते रहो, उस तेज के बराबर कुछ भी नहीं है। अब आपका जीवन खाली नहीं है, निश्चित रूप से स्वर्ग आपका इंतजार कर रहा है। हे मेंरे जिद्दी पुत्र, चलते रहो, क्योंकि जब तुम्हारा काम हो जाएगा तब शान्ति होगी। अपने थके हुए दिमाग को आराम दो, अब और आँसु मत बहाओ।

— कॅरी लिवग्रेन [54]

सृष्टी से पहले, आकाश को चाँद और तारों सहित शब्द द्वारा रचे जाने से पहले, पृथ्वी को अनंत सुंदरता में उकेरे जाने से पहले, मानव जीवन शैली अनुग्रह और महिमा के साथ बनाने से पहले, सब कुछ होने से पहले, पिता, पुत्र और आत्मा द्वारा एक दूसरे के साथ बाँटे गए जीवन का महान नृत्य था। चौंका देने वाले और अथाह प्रेम में, इस परमेंश्वर ने चक्र को खोलने और त्रिएक जीवन को दूसरों

53 रोनाल्ड रॉल्हेइज़र, द होली लॉन्गिंग (न्यूयॉर्क: डबलडे, 1999), पेज 16

54 सीडी द बेस्ट ऑफ कंसास (सोनी म्यूजिक एंटरटेनमेंट, इंका, 1999) पर केरी लिवग्रेन द्वारा लिखे गए गीत "कैरी ऑन वेवर्ड सोन" से।

के साथ सांझा करने का दृढ़ निर्णय लिया। एक दिमाग चकरा देने वाले और आश्चर्यजनक उदारता के कार्य के रूप में, पिता, पुत्र और आत्मा ने मनुष्य की रचना करने और उनके साथ महान नृत्य सांझा करने का विकल्प चुना।

यह कभी नहीं सोचा गया था कि इस योजना का पूरा होना आदम या हमारे हाथों में छोड़ा जाएगा। आरंभ से, आरंभ से भी पहले से, यीशु मसीह में और उसे भेट स्वरूप दिया गया था।[55] वह हमेंशा आने और हमारे गोद लेने का काम करने के लिए तत्पर था। [56] और यही हुआ। परमेंश्वर के पुत्र ने अनंत काल से इतिहास में कदम रखा और हमारे लिए परमेंश्वर के अनंत उद्देश्य को पूरा किया।[57] यीशु ने इसे पूरा किया है।

हम आशीषित हुए हैं, पौलुस हमें बताता है, यीशु मसीह में सब प्रकार की आत्मिक आशीष दी गई हैं। त्रिएक परमेंश्वर का जीवन, एकता और संगति, अनन्त आनंद और पिता, पुत्र और आत्मा की परिपूर्णता और महिमा हमें दी गई है। महान नृत्य अब उतना ही हमारा है, जितना की परमेंश्वर का। यह अदृश्य नदी है जो हमारे जीवन और सभी चीजों से होकर बहती है। एक सुबह की सुँदरता, एक बेटी की मुस्कान वह सब कुछ जो कहने की जरूरत है, एक पुराने दोस्त के साथ एक कप कॉफी, प्रेम का जुनून, एक ढलते हुए दिन की छाया में मछली पकड़ने की शांति: यह सबकुछ एक बहती हुई कविता के समान है – जो हमारे जीवन की घटनाओं द्वारा प्रदर्शित किया गया महान नृत्य है।

सुख और दुख की संभावना

एक आवाज़ है, हालाँकि, जो एक महान नृत्य की इन सारी बातों का मज़ाक उड़ाती है। "नृत्य, क्या नृत्य? जीवन एक कुत्ते की तरह है, उसके बाद आप कुत्ते की मौत मर जाते हैं। जो एक क्रूर मजाक है, जो वर्षों की त्रासदी और आंसुओं और असहनीय दुख से भरी एक व्यर्थ कड़ी है। हम एक ऐसे सफर पर हैं जिसका

55 2 तिमुथियों 1:9 देखें

56 ईफिसियों1:3-5 देखें

57 ईफिसियों 3:11 देखे

चुनाव हमने नहीं किया, और यह जल्द ही खतम हो जायेगा।" लोग दूसरों के बारे में बुरा सोचने में देर नहीं लगाते और उतनी ही जल्दी से नफरत और क्रूर शब्दों से दिल को चोट पहुँचाते हैं। आनंद के कुछ पलों के बदले, चिंता और निराशा के कई घंटे होते हैं। भय राज करता है। गड़बड़ियां काफी हैं। हवाई जहाज दुर्घटनाग्रस्त हो जाते हैं, या उनपर बम से हमला किया जाता है, पति, पत्नियां और बच्चे अकेलेपन के तट पर छोड़ दिये जाते हैं। महिलाओं का बलात्कार और बेरहमी से हत्या की जाती है। तीन साल की उम्र से पहले ही हजारों बच्चे भूखे मर जाते हैं। तूफानों से मीलों तक समुद्र तट टुकड़े-टुकड़े हो जाते हैं, कई घर, परिवार और हृदय तबाह हो जाते हैं। जातिवाद शरीर और आत्मा को गुलाम बनाता और कुचल देता है। बच्चों को पीटा जाता है और छोड़ दिया जाता है। व्यापारसंघ भुमि और लोगों को हड़प लेते हैं। औसत विवाह, यदि तलाक से खतम नहीं होता है, तो सिर्फ समझौता और बर्दाश्त बनकर रह जाता है। हर अच्छे रिश्ते के पीछे हजार बुरे रिश्ते होते हैं। एक बेटी की हर मुस्कान के पिछे सौ दुख होते हैं। नृत्य, कैसा नृत्य? यह मूर्खों का एक सपना है, अंधा प्रेमी जो देखने से इनकार करता है। जीवन एक दुखद और त्रासदी की कहानी है।

फिर भी हम बेहतर जानते हैं। निराशा के बावजूद, दिल दहला देने वाली त्रासदियों और घोर अन्याय के बावजूद, अनकहे शोक और दुख के समय के बावजूद, और ऐसे क्षणों में जब इसकी चिंता हमें पूरी तरह से मौन कर देती है, सभी दर्द के बावजूद, हम जानते हैं कि हम महिमा के लिए बने हैं। जो चीजें मूर्खों के सपने के रूप में नृत्य का मजाक उड़ाती हैं, वे दोहरा संदेश देती हैं। उनके उपहास में भी, वे स्वीकार कर रहे हैं कि महान नृत्य कोई सपना नहीं है। त्रासदी भी स्वयं चिल्लाती है कि हम जीवन के चक्र से संबंधित हैं। त्रासदी हमारे लिए इतनी दुखद नहीं होगी, जब तक कि हम किसी तरह यह न जान लें कि हम महिमा के लिए बने हैं। क्या त्रासदी को भयानक और अनुचित तरीके से अच्छाई की कमी के रूप में परिभाषित नहीं किया गया? जब तक हम यह नहीं जानते कि जैसा होना चाहिए वैसा नहीं है, तो हम अन्याय से परेशान क्यों हैं? हम कहते भी हैं "यह सही नहीं है,"। लेकिन हमें किसने बताया कि यह सही नहीं है? एक "सही" या "गलत", "अच्छा" या "बुरा" या "जिस तरह से इसे होना चाहिए," और

इस तरह दिल टूटना और निराशा कैसे हो सकती है, यदि नई वाचा हम सब के दिलों पर नहीं लिखी जाती? हमारी चिंता का अर्थ है कि जीवन रहस्यमयी और डरावना है, लेकिन यह हमें यह भी बताता है कि हम मानते हैं कि अच्छा होना चाहिये है, और यह कि हम किसी ऐसी चीज को खोने से डरते हैं जो हमारी है। आखिरकार, यदि हमारे पास घर ना हो तो हम घर की याद में परेशान भी नहीं होंगे। हम निराश या हताश या चिंतित नहीं हो सकते यदि हम किसी गहरे तरीके से सहमत ना हों कि हम उत्तम चीजों के लिए बने हैं। ऐसा क्या है जो दुःख को इतना उदास और कड़वाहट से भरा और अकेलापन इतना असहनीय बना देता है? जब तक कि हम महान नृत्य के लिए नहीं बने हैं इसे नहीं जान पाते, हम दुख को दुख के रूप में कैसे जान पायेंगे?

यदि हमें मनुष्य के रूप में किसी भी बात पर यकीन है, तो वह यह है कि आनंद और दुःख के अनुभव और भावनाओं की सीमा भी वास्तविक है जिसमें दो शब्द एकसाथ आते हैं-, संतुष्टि और परेशानी, आशा और निराशा, खुशी और आँसु, प्रसन्नता और दर्द, उत्साह और बोरिंग, शांति और चिंता कुछ नाम है। हमें यह समझाने के लिए किसी तर्क-वितर्क की जरुरत नहीं है कि ये चीजें वास्तविक हैं। हमने उनका स्वाद चखा है और उन्हें अपने हृदय में महसूस किया है। लेकिन यह देखते हुए कि हमारे सुख और दुख का अनुभव वास्तविक है, सवाल यह है कि उनकी वास्तविकता का आधार क्या है? क्या आपने कभी उसके बारे में सोचा है? हम में से अधिकांश लोग मानते हैं कि हम जीवित हैं और हम हर प्रकार की भावनाओं को महसूस करते हैं। हम वास्तव में कभी भी सुख और दुख की उत्पत्ति के बारे में नहीं सोचते हैं या हमारे लिए ऐसी चीजों का अनुभव करना कैसे संभव है।

क्या आनंद एक हवा में जन्म लेने वाला सूक्ष्म जीव या किसी प्रकार का एक भावनात्मक वायरस है, जो रहस्यमयी तरीके से हमारे जीवन में तैरता है और कुछ समय के लिए हमारे हृदय से जुड़ जाता है और फिर चले जाता है? क्या दुःख एक अदृश्य वस्तु है, जिसका सामना हमारी आत्मा से होता है जब हम आकाशमण्डल में बिना मकसद के तैर रहे हैं? हमारे लिए आनंद का अनुभव

करना कैसे संभव है? यह कैसे संभव है कि हम आनंद और प्रेम, शांति और आशा का अनुभव करें? हमारे जीवन में प्रसन्नता और खुशी और अच्छे उत्साह की वास्तविक उपस्थिति का क्या कारण है? सिक्के का दूसरा पहलु, कैसे संभव है कि हमें चोट पहुँचती है? हमारे जीवन में चिंता और उदासी और निराशा की उपस्थिति का क्या कारण है? या तो सुख और दुख दोनों ही अंत में पूरी तरह भ्रम हैं, हमारी मनगढंत कल्पनायें हैं, या वे वास्तविक अनुभव हैं। दुनिया में यही सबसे स्पष्ट बात लगती है कि वे वास्तविक हैं, लेकिन वे आते कहाँ से हैं?

सुख और दुख का हमारा मानवीय अनुभव हमारे और त्रिएकत्व के मिलन की वास्तविकता में शामिल किया गया है। यीशु मसीह में गढ़ा गया संबंध वास्तविक है, और इसमें हमें एक निश्चित पहचान, एक स्वभाव और एक आशियाना दिया गया है। हम आत्मा से शरीर तक और सिर से पांव तक, त्रिएक के हैं। नृत्य हमारा है - हमें इसी के लिये रचा गया है। इसका तर्क हमारा आत्मिक डीएनए है। और कुछ गहरे स्तर पर, हम इसे जानते हैं। हम जानते हैं कि महान नृत्य हमारा है। हमें सिर्फ इसी के लिए नहीं रचा गया है; इसकी लय हमारी आत्मा के रग-रग में धड़कती है। यानी हम विरक्त या उदासीन प्राणी नहीं हैं। हम पिता, पुत्र और आत्मा के साथ बंधे हुये हैं। विरोधाभासी रूप से, यह मिलन, यह अपनापन, त्रिएक में यह आशियाना, और इसके बारे में हमारा गहरे-स्तर का ज्ञान है, जो हमारे लिए खुशी और दुख दोनों को संभव बनाता है और उतना ही हमारे लिए *वास्तविक* है। एकता हमारे जीवन के दृश्य को परिभाषित करता है। यह वह अनकहा मानक है जिसके द्वारा हमारे हृदय सभी चीजों को आंकते हैं। यह जमीन में गड़ा खुंटा है, सांड की आंख, जो हमारे हृदयों के लिये निशान को परिभाषित करती है। दुःख तब होता है जब हम निशान से चूक जाते हैं। यह सुनिश्चित है क्योंकि हम महान नृत्य में शामिल हैं और यह जानते भी हैं कि इससे कुछ भी कम अनुभव हमें उदास, परेशान और खोखला कर देता है। यह इसलिए है क्योंकि हम महिमा के लिए बने हैं कि इसे खोना एक गहरा दर्द देता है, इसे पाना सभी खुशियों से बढ़कर है।

खुशी और दुख के हमारे अनुभव के पीछे का कारण हमारी पहचान है, कि

हम *कौन हैं*, और हम खुद के प्रति सच्चे हैं या नहीं। प्रसन्नता और खुशी, संतोष और शांति बिना किसी स्पष्ट कारण के प्रकट नहीं होती। वे हवा में उत्पन्न होने वाले जिवाणु नहीं हैं। वे हम जो वास्तव में हैं उसके अनुसार जीने के फल हैं। जब हम अपनी पहचान का उल्लंघन करते हैं तब हम दर्द और पीड़ा, दु:ख और चिंता से गुजरते हैं। खुशी वह नाम है जिसे हम पिता, पुत्र और आत्मा के जीवन के साथ *तालमेंल* बिठाने के अनुभव को देते हैं। दुःख वह नाम है जिसे हम उसी जीवन का उल्लंघन करते हुये जीने के अनुभव को देते हैं। हो सकता है कि उल्लंघन का कारण कुछ ऐसा हो जो हमने खुद किया हो, या किसी ने हमारे साथ किया हो, या बयान से बाहर गड़बड़ी की दुर्घटनायें हों। लेकिन कारण जो भी हो, जिस कारण से यह हमें इतना परेशान करता है और इतना गहरा दुख देता है कि यह हमारे अस्तित्व का उल्लंघन करता है। यह हमारी पहचान में दरार लाता है। ऐसा उल्लंघन चोट कैसे नहीं पहुँचा सकता? जब हम अपने ही अस्तित्व के साथ हिंसा करते हैं तो रोना और दांत पीसना कैसे नहीं हो सकता?

बस एक दिन मैं मछली पकड़ रहा था, और एक मछली को जमीन पर बहुत बेदर्दी से तिलमिलाते हुये देखकर मैं चौंक गया। मछली को पानी से झटक कर निकालना मानो उसे उसके मूल वातावरण, उसके घर से बाहर निकालना और उसकी पहचान का उल्लंघन करना है। वह कैसे नहीं तिलमिलायेगी? उसे पानी के लिए बनाया गया है। उसे हटाने का अर्थ है उसका परस्पर विरोध करना और तड़पाना। मछली को मेंरे द्वारा पीड़ित होने के लिए किसी अतिरिक्त सजा की जरूरत नहीं थी। और इसे दोबारा पानी में छोड़ने के लिए मेंरी ओर से किसी अतिरिक्त आशीर्वाद की जरुरत नहीं थी, ताकि वह फले-फूले।

जहाँ तक मछली का यह उदाहरण है, ठीक है, पर यह सीमित है क्योंकि यह स्थान से संबंधित है, संबंदपरक नहीं। मछली को “बाहर निकाला जाता है” और पानी में “वापस” डाल दिया जाता है, और उसकी पीड़ा या फलने-फूलने का संबंध उसके “स्थान” से है। पर हमारे साथ ऐसा नहीं होता। हमें ना ही बाहर निकाला जाता है या ना ही दोबारा भीतर शामिल किया जाता है। हम वर्तमान और हमेंशा के लिए “भीतर” हैं। यीशु ने इसे पूरा किया है। और यह सत्य है कि हम

"भीतर" हैं जो हमारे लिए वास्तविक आनंद और दुख की संभावना पैदा करता है – जो है उत्तम आनंद और सबसे गहरा दुख। यह सत्य है कि हमारा त्रिएक में एक घर है जो या तो हमारे लिए, काफी रोगग्रस्त, हमारे प्रति काफी असहज, घर की कमी महसूस करने वाला, टूटा हुआ और निराशाजनक हो सकता है; या फिर शांति से भरा और घर जैसा और फलने-फूलने वाला हो सकता है।

सृष्टी में जीवन का केवल एक ही चक्र है, और हम उसके निवासी हैं। इस कारण, हम जीवित हैं, और जीने के लिए एक सुंदर जीवन है। पर हमारे अपनेपन का मतलब यह भी है कि एक मेंल-मिलाप है जिसका हम उल्लंघन कर सकते हैं, एक ऐसी एकता जिसका हम खंडन कर सकते हैं। ऐसा करना चोट पहुँचाता है। क्योंकि यह हमारे भीतर अपराधबोध और शर्मिंदगी पैदा करता है, अलगाव और हानि की एक भयानक भावना और गहरी उदासी का पहला संकेत देता है। और यह हमारे द्वारा अपने ही अस्तित्व का विरोध करने के कारण इन चीजों को हमारे भीतर जन्म देता है। हम अपने खुद के वास्तविक अंश के खिलाफ जा रहे हैं।

दूसरा पक्ष भी उतना ही सत्य है, और उससे भी अधिक है। हम पिता, पुत्र और आत्मा से संबंधित हैं; और महान नृत्य की लय हमारे दिलों में धड़कती है। इसकी लय पर चलना यानी किसी एलियन की ताल की ओर बढ़ना नहीं है; यह *हमारी* प्रगति की ओर बढ़ना है। यह *हमें खुद* को खोजना है। यह घर मिलना और घर के अंदर सुकून पाना। वास्तविक परिपूर्णता, और अनंत आनंद के पहले स्वाद को चखने की खोज करना है।

मैं यहां एक कहानी सुनना चाहूँगा जो हमें इस तथ्य को और अधिक स्पष्ट रूप से देखने में मदद करेगी।

न्यु ऑरलिन्स में खोया हुआ

जब मैं 12 साल का था, मेंरे माता-पिता मुझे और मेंरे दो भाइयों और मेंरे प्रिय मित्र को मिनेसोटा वाइकिंग्स का खेल दिखाने न्यू ऑरलियन्स ले गए थे। दक्षिण मिसिसिपी के एक छोटे से शहर से होने के कारण, मुझे न्यू ऑरलियन्स जाने का मौका अपने आप में एक अच्छा तोहफा लगा: उस पर सोने पे सुहागा

यह था कि वाइकिंग्स मेंरी हमेंशा से पसंदीदा फुटबॉल टीम थी, इसलिये यह सफर मेंरी युवावस्था का सबसे मुख्य आकर्षण था। न्यू ऑरलियन्स पहुँचने तक तीन घंटों का सफर मुझे अनंत सुखदायक लग रहा था। पर अंत में हम वहाँ पहुँचे, और मेंरे पिताजी ने कार पार्क की। हम ओल्ड तुलाने स्टेडियम में ट्रॉली कार में बैठकर गए। वह एक शानदार दोपहर थी, और वह खेल मेंरे लिये वह सब कुछ था जिसका मैंने सपना देखा था, जिसमें वाइकिंग का सफर भी शामिल था।

खेल के बाद, हम बाहर निकल रहे थे, जब मैंने दूसरी तरफ तीन बसों को लाइन में खड़े देखा, और बस में सवार होते लंबे-चौड़े कद के वाइकिंग खिलाड़ियों को मैंने पहचान लिया। और बिना सोचे-समझे मैं उनकी तरफ भागा और किसी तरह खिलाड़ियों तक पहुँचने अपना रास्ता बनाया। मैंने वास्तव में कार्ल एलर से हाथ मिलाया और एलन पेज और वैली हिलजेनबर्ग से इंच-भर दूर था। और मुझे कोच बड ग्रांट की टोपी छूने मिली। कहने की जरूरत नहीं है, मैं स्वर्ग जैसा महसूस कर रहा था।

इसके बाद एक-एक कर बसें जाने लगीं। मुझे याद है कि मैं उन्हें स्टेडियम के बगल से जाते हुए और बाएं ओर मुड़ते देख रहा था। जब आखिरी बस चली गई, तो सबसे बड़े डर ने मेंरे छोटे से हृदय को जकड़ लिया। मुझे अचानक एहसास हुआ कि मुझे पता नहीं था कि मेंरे माता-पिता कहाँ हैं, और इससे भी बदतर, कि उन्हें पता नहीं था कि मैं कहाँ हूँ। मैंने चारों ओर नजर दौड़ाई और कोई भी इंसान नजर नहीं आ रहा था, एक भी नहीं। आज तक, यह एक रहस्य ही है कि उन बसों के आसपास की भीड़ इतनी जल्दी कैसे गायब हो गई, पर ऐसा हुआ था। वहाँ एक भी इंसान नहीं था। सरासर दहशत ने मुझे जकड़ लिया। कुछ ही पलों में, मेंरा दिमाग चकराने लगा। मुझे कुछ भी सूझ नहीं रहा था कि क्या करूँ। मेंरा दिल इतनी तेजी से धड़क रहा था कि मैं सोच भी नहीं पा रहा था।

बारह साल का लड़का, न्यू ऑरलियन्स, तुलाने स्टेडियम में था, और दिन ढलता जा रहा था। दूर-दूर तक मैं उतना चालाक नहीं था, पर मैं अपनी अंतरआत्मा में समझ रहा था कि मैं संकट में हूँ। कुछ हद तक मुझे लगा कि किसी पुलिसकर्मी को खोजा जाये, पर कोई नहीं था। मुझे कोई व्यक्ति भी नजर नहीं आ

रहा था, एक पुलिसकर्मी की तो बात ही छोड़ दो, और मैंने उस पूरे स्टेडियम के कम से कम तीन चक्कर लगाये।

तब तक मैं घबरा गया था और मेंरी आँखो से आँसु बह रहे थे। आसपास बहुत सारे घर थे, पर मैं किसी भी घर में मदद मांगने जाने नहीं वाला था। मेंरे पास सिर्फ एक ही चारा था कि मैं कार की ओर जाने वाला रास्ता खोजने की कोशिश करुँ। मैंने उस ट्रॉली कार के बारे में सोचा जिसे हम स्टेडियम में लाये थे, पर कौन सी? न्यू ऑरलियन्स की सड़कों पर उत्तर और दक्षिण दिशा मेंरी समझ से बाहर थे, और मुझे नहीं पता था कि किस दिशा में जाना है। मुझे किसी गली का नाम भी याद नहीं था। पर मेंरी जेब में कुछ पैसे थे, इसलिए मुझे एक ट्रॉली कार मिली और उसमें बैठकर मैंने ड्राइवर से कहा कि मैं खो गया हूँ। उसने मुझसे कहा कि ट्रॉली के पिछले हिस्से में जाओ और अपनी आँखें खुली रखो, और यदि तुम्हें कुछ दिखाई दे, तो केबल खींच लेना और वह रुक जाएगी। जैसे ही ट्रॉली न्यू ऑरलियन्स के आसपास आगे बढ़ने लगी, मैं एक तरफ से दूसरी तरफ कूद रहा था, ठंडी खिड़कियों से अपना चेहरा सटाते हुए, उम्मीद कर रहा था, कि मुझे कुछ जाना पहचाना नजर आये- पेड़, इमारत, सड़क, खड़ी कार, – शायद मेंरे माता-पिता दिखें। पर ऐसा कुछ नहीं हुआ। मैं उस कार में बैठकर स्टेडियम के चारों ओर चक्कर लगाये। मैं समझ नहीं पा रहा था कि और क्या करना चाहिये, मैं उतर कर स्टेडियम के आस-पास घूमते हुये दोबारा वहीं पहुँचा जहाँ बसें खड़ी थीं। अकेले और घबराया हुआ, मैं पत्तों के ढेर में एक ओक के पेड़ के नीचे बैठ गया। मुझे याद है कि मैं एक छड़ी से लड़खड़ाकर रो रहा था, पर अब और आँसू नहीं थे। यह दयनीय दृष्य था। पर स्थिति बिगड़ रही थी।

जैसे ही मैं वहाँ बैठा, मेंरी आंखों के सामने मेंरे जीवन के 12 साल मंडराने लगे, जब स्टेडियम की लाईट अचानक बंद हो गई। ऐसा अंधकार मैंने कभी अनुभव नहीं किया था। लगभग 30 साल बाद भी मैं उस जगह की तेज, डरावनी छाया देख सकता हूँ और अभी भी उस जगह को सूंघ सकता हूँ और ठंडी हवा में पत्तों की सरसराहट सुन सकता हूँ। मुझे नहीं पता कि मैं वहां कितनी देर बैठा रहा, पर वह कई घंटों की तरह लग रहा था, निश्चित ही स्टेडियम के अनंत सफर

से भी ज्यादा लंबा। काफी अंधेरा था और मैं बहुत अकेला महसूस कर रहा था। और फिर अचानक, स्टेडियम की लाईटें लौट आयी, और इससे पहले कि मैं समझ पाता कि क्या हो रहा है, मैं अपने पैरों पर स्टेडियम के आस-पास दौड़ने लगा। किसी ने लाईट जलायी होगी, और मैंने उस व्यक्ति को खोजने का दृढ़ निश्चय किया जिसने लाईट जलायी थी। और फिर जो हुआ। मेंरे कदमों के शोर और मेंरे बढ़ते हुये भय में, मैंने न्यू ऑरलियन्स में सबसे मधुर आवाज सुनी। यह मेंरे जीवन में अब तक की सबसे मधुर आवाज थी: जो मेंरे पिता द्वारा चिल्लाया गया एक शब्द था "बॅक्सटर!"।

किसी को मुझे यह बताने की जरुरत नहीं थी कि क्या करना है। किसी को मुझे यह बताने की ज़रूरत नहीं थी कि उस शब्द का क्या अर्थ है। किसी को मुझे यह बताने की जरूरत नहीं थी कि इस शब्द को अपने जीवन में कैसे लागू किया जाए। मेंरे पिता द्वारा चिल्लाया गया, मेंरा नाम, हजार गुना बड़ी आशा जितना है। येलोस्टोन नेशनल पार्क में एक महान शांति की तरह, असहनीय तनाव से तुरंत राहत मिली। भारी भय, उत्तेजित खोज ने वहाँ से गुजरते बसों की तरह एक बायां मोड़ लिया और गायब हो गए। और उनके स्थान पर सबसे सरल और सबसे अद्भुत बातों ने स्थान लिया वह थी: सुरक्षिततता, निश्चितता और राहत।

उस दिन को करीब 30 साल बीत चुके हैं। जैसा कि मैं पीछे मुड़कर देखता हूँ, एक बात स्पष्ट है कि यह कहानी सबक से भरी हुई है, जिनमें से सबसे स्पष्ट मेंरी पहचान और दुख और आनंद के अनुभव के बीच का एक संबंध है। यदि मेंरा परिवार ही न होता तो मेंरा खोया जाना मायने नहीं रखता, और उस खोये जाने की पीडा का सारा दर्द सहा जाता। यह इसलिये हुआ क्योंकि मेंरा एक परिवार, एक माता और पिता और भाई और दोस्त थे, इसलिये मेंरा *अनुभव* इतना दयनीय था। मेंरा *अनुभव* इतना दर्दनाक था क्योंकि मेंरा संबंध एक परिवार से था और मैं इस सत्य को जानता था। यदि मैं न्यू ऑरलियन्स की सड़कों पर एक बेघर गली के बच्चे के रूप में होता, जिसकी कोई जड़ें और परिवार नहीं होता, तो ऐसा दर्दनाक अनुभव होता ही नहीं। यदि हमारे पास घर ही ना हो तो हमारा खोया जाना असंभव है। और हमें दर्द और दुख और निराशा का आभास

ही नहीं होगा, जब तक कि किसी गहरे स्तर पर हम यह न जान लें कि वास्तव में हमारा एक घर है।

एकता में, पर अखंडनीय भिन्नता

हमारे सुख या दुख के *अनुभव* के बारे में पहली बात यह है कि यह सिर्फ इसलिए संभव है क्योंकि हम परमेंश्वर के हैं, और क्योंकि एक गहरे स्तर पर इसे जानते हैं। यह एकता हमें हमारी पहचान, एक घर, एक परिवार जिससे हम संबंधित हैं, महान नृत्य में एक सच्चा स्थान और इस प्रकार अनुभव करने के लिए एक जीवन देती है। पर यह एकता ही एक मात्र हमारे अनुभवों का आधार है। यह जरूरी नहीं कि पिता, पुत्र और आत्मा के जीवन में मात्र शामिल होने से हमारे दिलों में शांति या निराशा का *अनुभव* उत्पन्न होता है। हम परमेंश्वर के साथ एक ईश्वरवादी तरीके से एकजुट हो सकते हैं और इस प्रकार परमेंश्वर में इतने लीन हो जायें कि कुछ भी अनुभव करने के लिए कोई अलग "हम" नहीं बचेगा। हम अपने और परमेंश्वर के बीच "अप्रत्याशित अंतर" पर वापस आ गए हैं जिसके बारे में हमने पिछले अध्याय में चर्चा की थी। एक तरफ किसी भी चीज़ के "हमारे" अनुभव की संभावना त्रिएक के साथ हमारे मिलन में है, तो दूसरी तरफ हमारे बीच वास्तविक भिन्नता है जो कि एकता में आश्चर्यजनक रूप से बनाए रखा जाता है। एकता के बिना, हमारा अस्तित्व नहीं होता, और अनुभव करने के लिए कोई जीवन नहीं होता। बिना किसी भिन्नता के, जीवन को चखने और महसूस करने और अनुभव करने के लिए कोई वास्तविक "हम" नहीं होते।

पर कहने को और भी बहुत कुछ है। जबकि त्रिएक और हमारे बीच एकता और भिन्नता हमारे अनुभव की संभावना पैदा करते हैं, वे हमारे अनुभव को अच्छा या बुरा नहीं बनाते हैं। जरुरी नहीं कि हमारे पास सिर्फ एक घर, और एक अलग मन और हृदय और इच्छा होने का मतलब खुशी या दुख से हो। संगति और असंगति हमारे अनुभव को शांति या बेचैनी में बदलती है। परमेंश्वर के साथ एकता में हमारी अपनी पहचान भ्रम और स्पष्टता, भाईचारा और असंगति वे हैं जो हमारे लिये खुशी या दुख के अनुभव को वास्तविक बनाते हैं।

यीशु मसीह में गढ़ी गई हमारे और त्रिएक के बीच एकता वास्तविक है। यह हमें हमारा अस्तित्व और एक जीवन देता है जिसे हम बाँट सकते है। हमारे और परमेंश्वर के बीच अपरिवर्तनीय अंतर यह आश्वासन देता है कि उस जीवन का अनुभव करने के लिए एक वास्तविक "हम" है – इसका स्वाद लेने और महसूस करने और इसे जानने के लिए। इसके अलावा, भिन्नता का मतलब है कि यह मायने रखता है कि "हम" क्या करते हैं। हमारी अलग-अलग मानसिकतायें और हृदय और इच्छाएं हैं, पर यह मानसिकतायें और हृदय और इच्छाएं परमेंश्वर के साथ एकता में मौजूद हैं। हमारी सोच और परमेंश्वर की सोच में टकराव होना कोई हल्की बात नहीं है। यह असंगति उल्लंघन के लिए जिम्मेंदार है, किसी दिव्य नियम का नहीं पर परमेंश्वर में हमारी पहचान का है, और निश्चित रूप से यही पीड़ाजनक साबित होता है। हमारे हृदयों तथा परमेंश्वर के हृदय में मतभेद होना निश्चित ही एक गंभीर बीमारी का अनुभव करना है। यह एकता और हमारी पहचान का उल्लंघन है, खासकर जो पिता, पुत्र और आत्मा के साथ एक हुये हैं। यही हमारी इच्छाओं के बारे में भी कहा जा सकता है। पिता, पुत्र और आत्मा की इच्छा के विपरीत हमारी इच्छाओं का होना दर्दनाक है, क्योंकि हमारी इच्छाएं परमेंश्वर की दिव्य इच्छा के साथ एकता में मौजूद रहती हैं। प्लेटो (युनानी फिलोसौफर) से असहमत होना कोई बड़ी बात नहीं है। पर यीशु मसीह से असहमत होना हमारे अपने अस्तित्व का विरोध करना है। क्योंकि हम यीशु के साथ एकता में हैं। इस तरह की असहमति और विरोधाभास निश्चित रूप से दर्द उत्पन्न करती हैं।

महान नृत्य में "हमें" एक "वास्तविक स्थान" देने में परमेंश्वर के आनेवाली बाधा या जोखीम है हमारी बीमारी, हमारे दर्द और दुख और चिंता की संभावनायें - हमारे अंतिम और अनंत दुख और कष्ट भी। हमारे और परमेंश्वर के बीच की भिन्नता जितनी वास्तविक है उतनी ही एकता भी। जो हमारी ओर से भ्रम की संभावना पैदा करता है। और यह भ्रम जो *हमारी ओर से*, पिता, पुत्र और आत्मा के साथ एकता में होने के बावजूद, हमारे दुख और निराशा को जन्म देता है।

एकता न होती, तो भ्रम हमें रोग सरीका न लगता। एकता के बिना, कोई बेचैनी महसूस नहीं होगी, कोई आँसू या दुःख या निराशा नहीं होगी। हम कभी

अपनी बेटियों की मुस्कान से और न ही उनके आसुंओं से प्रभावित होंगे जब उनका दिल टूट जाएगा। हम किसी उगते सूरज की सुंदरता का अनुभव नहीं कर पाएंगे। किसी पुराने दोस्त के साथ एक कप कॉफी का हमारे लिए कोई मतलब नहीं होगा, क्योंकि कोई दोस्ती नहीं रहेगी, कोई आत्मिक संबंध नहीं होगा, मिलकर मनाई गई खुशी की कोई यादें नहीं होंगी। पिता, पुत्र और आत्मा के मिलन के बिना, कोई जीवन जीने योग्य नहीं है - कोई आनंद नहीं, कोई संगति या एकता नहीं, कोई हँसी या खुशी नहीं, कोई रोमांस या प्रेम नहीं, कोई कविता लय में नहीं होगी। पर हम पिता, पुत्र और आत्मा के साथ एक हैं। हम पवित्र त्रिएक के हैं। यह अपनापन है जो भ्रम को ऐसी विनाशकारी शक्ति और स्पष्टता के लिये ऐसी आजादि की सामर्थ देता है। सत्य को जानना हमें स्वतंत्र करता है, जैसा कि यीशु ने कहा, [58] निश्चित ही क्योंकि यह “हमारी” सच्चाई है। उसी तरह, भ्रम ठीक उदासी को जन्म देता है क्योंकि यह हमारे अस्तित्व का एक उल्लंघन है।

विश्वास का विचार कोई मनमाना दैवीय आविष्कार नहीं है जो हमें परखने के लिए हम पर थोपा गया है। विश्वास की आज्ञा हमारी पहचान में लिखी गई है, और इसकी जरुरत और सामर्थ भी। हम जो विश्वास करते हैं वह मायने रखता है क्योंकि हम अलग होते हुये भी पिता, पुत्र और आत्मा के साथ *एकता* में हैं। एकता का अर्थ है कि हमारे पुराण / भ्रम के पहाड जिन्होंने दिल में मजबूती पकडी है, वास्तविक है, जो चोट पहुँचाते हैं, क्योंकि वे परमेंश्वर के साथ हमारी एकता का विरोध करते हैं। एकता का अर्थ यह भी है कि हमारे लिये एक “सही मानसिकता” है, और इस सही मानसिकता में होने से हमारे जीवन में महान नृत्य होता है। यदि हमारे और परमेंश्वर के त्रिएक जीवन के बीच कोई एकता नहीं होती, तो हम जो विश्वास करते हैं—वह जो कुछ भी हो—उसकी कोई सामर्थ नहीं होती और कोई आवश्यक परिणाम नहीं होता। हमारा विश्वास कोई विशेष अनुभव उत्पन्न नहीं कर पाता। यह हमें सुखी या दुखी नहीं कर पाता। एकता के बिना, हमारे पुराण जीवन पर लिखे गए अन्य सिद्धांतों जितना ही जायज होते हैं, और उतने ही असमर्थ भी। वे सिर्फ सिद्धांत के ही रुप में होंगे जो कभी हमारे हृदयों को छू नहीं सकेंगे। पर जबकि हम पिता, पुत्र और आत्मा के साथ एकता में हैं, हमारे पुराण

58 यूहन्ना 8:31 देखें

हमारी इस पहचान का उल्लंघन हैं, कि हम वास्तव में कौन हैं, और इस प्रकार वे अनिवार्य रूप से अयोग्यता और असांमजस्य को जन्म देते हैं। यहाँ तक कि यदि कभी पिता, पुत्र और आत्मा के मन में सजा का विचार भी आया हो, तो इसकी कोई जरुरत नहीं होगी। कुटिल विश्वास निश्चित रूप से अपना खुद का एक नरक निर्माण करता है। उसी तरह, सत्य पर विश्वास करने के लिए किसी बाहरी प्रतिफल की जरुरत नहीं होती। सत्य पर विश्वास करने से आत्मा को औषधि मिलती है, क्योंकि यह तर्कसंगतता का एक कार्य और वास्तविकता के साथ मन, हृदय और इच्छा का एक संतुलन है।[59] ऐसा संतुलन निश्चित रूप से शांति और परिपूर्णता उत्पन्न करता है, और हमारे जीवन में नृत्य के आनंद का प्रदर्शन करता है।

इन सारी बातों का मतलब है कि क्योंकि हम त्रिएक से संबंधित हैं इसलिये हम जो सोचते हैं और करते हैं वह बहुत मायने रखता है। यदि हम एकता में नहीं होते, तो हम हर मनचाही काल्पनिक कहानी पर विश्वास कर सकते थे और जिसका हम पर कोई असर नहीं होता, क्योंकि यह न तो आदर्श होते हैं और न ही सच्चाई। हम जो चाहें कर सकते थे और इससे हमें कोई परेशानी नहीं होती। जो हमें खुश या उदास, संतुष्ट या असंतुष्ट, रोमांचित या चिंतित नहीं करता। इसी तरह, हम अपनी पूरी शक्ति लगाकर कोशिश कर सकते हैं कि “विश्वास” को काम में लाए, कि वह हमारे लिए कुछ करे, कुछ अनुभव पैदा करे, हमारे दिलों और जीवन में कुछ अच्छा परिणाम दे सके, पर यह पूरी तरह से शक्तिहीन होगा। वास्तविकता के बिना विश्वास, सत्य के बिना विश्वास, एकता से पहले विश्वास को रखना, सिर्फ एक और पुराण होगा। यह मानो ऐसी काया (बायसेप) का दिखावा होगा, जो शरीर से जुडी ना हो। यह विश्वास करना कि हम पवित्र त्रिएक में एक हैं, हमें आशा और आश्वासन और शांति देता है, इसलिए नहीं कि हमारे विश्वास में जादू है, बल्कि इसलिए कि हम सत्य पर विश्वास कर रहे हैं। यदि हम त्रिएक के नहीं होते, तो इस विश्वास में कोई सामर्थ नहीं होती।

59 थॉमस एर्स्किन, द अनकंडीशनल फ्रीनेस ऑफ़ द गॉस्पेल (एडिनबर्ग: वॉ एंड इन्स, 1829), पेज 13 देखें

एक गहरा ज्ञान

पर एक और तत्व है जो हमारे अनुभव में नजर आता है जिसे उजागर करने की जरुरत है। इसे हम "समझ का विरोधाभास" कह सकते हैं। यह एक अजीब बात है, पर हम एक ही समय में *जानते* हुए भी *नहीं जान पाते*। एक नयी चटनी बनाने वाले प्रविण रसोईये के बारे में सोचें। प्रथम उसके पास एक सोच होती है, फिर वह अपनी जरुरत अनुसार उन सभी सामग्रियों को इकट्ठा करती है। इसके बाद परीक्षण और कमी-घटी की प्रक्रिया का एक लंबा प्रयोग होता है। हर कदम पर वह रूकती है और जो बना रही उसे चखती है, मूल्यांकन करने और यह देखने के लिये कि वह जिसके पीछे हैं वह कितनी करीब या कितनी दूर है। अंत में आता है समाधान जब पैन की चटनी और उसकी सोची हुई चटनी मेंल खाती है।

प्रक्रिया के बारे में सबसे आकर्षक बात यह है कि रसोइये को कैसे पता चला कि उसकी चटनी सही बनी है? वह जो बना रही थी उसका मूल्यांकन कैसे कर सकती थी? उसे कैसे पता चला कि थोड़ी कसर बाकी है? विरोधाभास यह है कि रसोइये की दो मानसिकता थी, या कम से कम दो तरह का ज्ञान था। किसी स्तर पर वह वास्तव में जानती थी कि उसे क्या चाहिये, और उस ज्ञान ने सर्वोत्तम स्वाद के रूप में कार्य किया, वह जो बना रही थी उसका सही मुल्यांकन और फैसला सुना रही थी – और यह घोषित कर रही थी कि जो बन रहा है अब तक सही नहीं बना है। फिर भी दूसरे स्तर पर वह *नहीं जानती* थी कि उसे क्या चाहिये। जिसे प्रयोग करने द्वारा उसे सीखना था। उसे आगे बढ़कर कुछ कोशिश करनी थी। और प्रतिक्रिया करनी थी।

रसोइये में काम का विरोधाभास हमारे जीवन के विषय से मेंल खाता है। हम जानने और फिर भी नहीं जानने के बीच रहते हैं; हम कौन हैं इसका ज्ञान और फिर भी हमें कैसा होना चाहिये इसकी अज्ञानता के बीच रहते हैं। कुछ हद तक हम *जानते* हैं कि हम कौन हैं। कुछ गहरे स्तर पर, हम जानते हैं कि महान नृत्य कोई रोमांटिक सिद्धांत नहीं है, बल्कि हमारी मंजिल है। हम जानते हैं कि हम अपनाये गये हैं और हमारा एक घर है। और यह गहरे स्तर का ज्ञान है जो हमारे

जीवन में सर्वोत्तम स्वाद के रूप में कार्य करता है। जो हमें सताता है और हमारा फैसला सुनाता है। हम जो करते हैं और जो सोचते हैं और जो विश्वास करते हैं उसका मूल्यांकन करता है। यह गहरे स्तर का ज्ञान है कि महान नृत्य हमारा है जिसमें दर्द और आनंद दोनों का अनुभव होता है। जब हमारा वास्तविक जीवन हमारे सोचे गये जीवन से मेंल खाता है, तो वह हमें आनंद और संतोष देता है। जब ऐसा नहीं होता है, तो हम उदास और खाली और निराश हो जाते हैं।

आत्मा की गवाही

पर यह कैसे हो सकता है कि हम जानते हैं और फिर भी नहीं जानते? गहरा ज्ञान वह फल है जिसे "आत्मा की गवाही" कहा जाता है। आत्मा हमारी आत्माओं के साथ गवाही देता है कि *हम* परमेंश्वर की संतान हैं। [60] यह कोई संयोग नहीं है कि नया नियम आत्मा को सत्य की आत्मा के रूप में [61] और लेपालक की आत्मा के रूप में संदर्भित करता है। [62] एक स्तर पर, आत्मा हमारे पास इसलिये आती है क्योंकि वह जानती है वह कौन है और हम कौन हैं। यीशु मसीह ने हमें अपने पिता के साथ अपने रिश्ते में शामिल किया है, और यह एक ऐसा रिश्ता है जो हमेंशा आत्मा से भरा हुआ था। कुछ सुंदर और गहरे तरीके से, जॉन टेलर के शब्दों का उपयोग करें तो आत्मा का अर्थ है "परमेंश्वर के बीच की कडी"। [63] आत्मा वह है जो पिता और पुत्र के रिश्ते, संगति और एकता और प्रेम को सुविधाजनक बनाता है। यह आत्मा को कम महत्वपूर्ण नहीं बनाता है; यह आत्मा को महान नृत्य में *बिना शर्त* का बना देता है। आत्मा के बिना, पिता और पुत्र का कोई रिश्ता नहीं है, उनमें कोई प्रेम संबंध नहीं है, कोई भाई-चारा और एकता नहीं है।

यह बिलकुल नामुमकिन है कि, पिता और पुत्र के संबंध में हम शामिल हो, और आत्मा का हमारे प्रति बेपरवाह या गैर हाजिर हो। पिन्तेकुस्त निश्चित रूप से स्वर्गारोहण के बाद हुआ। क्योंकि जो उपर उठाया गया, यह वही है, जिसमें सारी मानव जाति बंधी है। उसके लिए चक्र में कदम रखने, का अर्थ है कि हम भी

60 रोमियो 8:16 और गलातियों 4:4-6 देखें

61 यूहन्ना 14:27; 15:26 और 16:13 देखें

62 रोमियो 8:15 देखें

63 जॉन वी. टेलर, द गो-बीटवीन गॉड (लंदन: एससीएम प्रेस लिमिटेड, 1972) देखें

चक्र में शामिल किये गये, और इसका अर्थ है आत्मा में शामिल किये गये। इस दृष्टि से देखा जाए तो यीशु मसीह में हमें जो तोहफा दिया गया है वह आत्मा का तोहफा है। महान नृत्य की आत्मा की तरह, वह हमारे जीवन और हमारे जश्न की भी आत्मा है।

पर आत्मा अस्पष्ट नहीं है। वह नृत्य का जीवन है, पर यह जीवन हमेंशा बुद्धिमान जीवन है, हमेंशा पिता के जीवित वचन से बंधा हुआ है। आत्मा की उपस्थिति हमेंशा बात करती है, हमेंशा एक संदेश देती है और हमें उसका अर्थ बताती है। एक ओर, आत्मा सृष्टि की संजीवता का स्रोत है - सभी वस्तुओं का जीवन है। तो दूसरी तरफ, उनका जीवन हमेंशा हमें कुछ कहता है, हमारे साथ गवाही देता है कि हम अपने नहीं पर परमेंश्वर के हैं, और एक निश्चित चक्र का भाग हैं। हमारे भीतर काम करने वाला गहरे स्तर का ज्ञान आत्मा का फल है। उसमें और उसके द्वारा हमारे साथ महान नृत्य सांझा किया जाता है, और नृत्य को सांझा करना हमेंशा हमारी आत्माओं के साथ गवाही देता है कि हम अपने नहीं पर परमेंश्वर के हैं। आत्मा के कारण, हम *जानते* हैं कि हम कौन हैं, और हम तब तक बेचैन रहते हैं जब तक वह जीवन जो हम जी रहे हैं उस जीवन से मेंल नहीं खाता जिसे हम जानते हैं कि वह हमारा है।

घातक घोल

हम जानते हैं कि हम जीवन के चक्र में शामिल हैं और हम जानते हैं कि यह जीवन अच्छा है, और यही गहरे स्तर का ज्ञान हमारे जीवन का मूल्यांकन करता है, इतना कि हम महान नृत्य से कम किसी चीज से संतुष्ट नहीं हो सकते। हम सत्य के अपने ज्ञान से प्रेरित होते हैं। जो हमें बुलाता और आज्ञा देता और उकसाता है। पर विरोधाभास यह है कि हम भ्रमित मानसिकता से सच्चाई को जानते हैं। उस रसोईये की तरह, हम जानते तो हैं, पर समझते नहीं। हम उलझन में रहते हैं। जानने और न जानने का यह विरोधाभास ही मानव जीवन को पूरे कष्टदायक अनुभव से संचालित करता है। यदि हम त्रिएक के नहीं होते, तो हम सबसे अधिक निरुत्साह और बेजान होते। पर जबकि हम पिता, पुत्र और आत्मा

द्वारा सांझा किए गए जीवन के चक्र में शामिल हैं, और जबकि कुछ गहरे स्तर पर हम इसे जानते भी हैं, हमारी पवित्र प्याले की तलाश जारी है, और हम इसे लेकर सचेत हों या नहीं, यह एकमात्र खोज है जो वास्तव में हमारे लिए मायने रखती है। मुसीबत यह है कि हमारा पवित्र प्याला कोई नई चटनी नहीं है, बल्कि हमारे मानव अस्तित्व का ढांढस और समाधान है, और जिन सामग्रियों का हम प्रयोग कर रहे हैं, वह मक्खन, लहसुन और वाईन नहीं हैं, बल्कि हमारे अपने और दूसरों के हृदय के साथ साथ पृथ्वी की भलाई है। हमारी पत्नियां और पति, हमारे बच्चे और दोस्त, हमारे सहकर्मी और हमारा खेल, और पृथ्वी के साथ हमारा संबंध भी हमारी परीक्षाओं और कमी-घटीयों में फंस गया है।

हमारी उलझन के पीछे अज्ञानता नहीं है, बल्कि वह दुष्ट है, जो हमारे जीवन की छाया में घात लगाये बैठा रहता है, और हमारे कान में "मैं कुछ नहीं हूँ" फुसफुसाता है। उसकी फुसफुसहाट अपने आप में कोई सामर्थ नहीं है। आत्मा के प्रति उसकी गवाही उतनी वजनदार नहीं होती क्योंकि यह न तो कोई दिव्य वचन है और न ही सत्य का वचन है - एक ऐसा वचन जो सारी वस्तुओं का मूल हो। फुसफुसाहट किसी अधिकार की आवाज नहीं है, जो हमें हमारे रास्ते में रोककर हमारा ध्यान आकर्षित करे। फुसफुसाहट, दुष्ट की अपनी मनगढ़त कोरी कल्पना है। जो झूठ तो है, पर हम इसे सच मानने की गलती कर सकते हैं। और फिर चाहे यह हमेंशा का एक झूठ हो, इसे सच मानकर हम झूठ को हकीकत में पैर जमाने देते हैं। जब हम "मैं कुछ नहीं हूँ" को सच मान लेते हैं, तो हम उसे समय और स्थान में जगह देते हैं, अपने जीवन और दूसरों के जीवन में एक जगह देते हैं। बिना यह जाने कि हम क्या कर रहे हैं, हम झूठ को अपनी सोच में स्थान देते हैं, हम खुद को उसके प्रभाव के लिए खोल देते हैं, और हमारी समझ अंधकारमयी हो जाती है। और मसीह के साथ हमारी एकता में हमारी पहचान जो हम – स्वीकारे गये, प्रेम और शामिल किये गये हैं और जो हमारा *विश्वास* भी है के बीच एक गलतफहमी और अयोग्यता का गठन होता है।

जब हम दुष्ट के झूठ "मैं कुछ नहीं हूँ" पर विश्वास करते हैं (जो कि संक्षेप में, उसका अपना अहसास हमें फुसफुसाता है), तब असुरक्षितता, चिंता और

भय का एक घातक घोल [64] हमारी आत्मा में उबलने लगता है। और यह घातक घोल तुरंत हमारे पूरे जीवन को सोख लेता है। जिस तरह हम खुद को और अपने आस-पास की हर चीज को देखते हैं, यह उसका स्वाद लेता है। यह हमारे दृष्टिकोण को आकार देता है। उदाहरण के लिए, जब हम मान लेते हैं कि हम स्वीकार योग्य नहीं हैं, उतने अच्छे नहीं हैं, विशेष नहीं हैं, शामिल नहीं हैं, सुंदर नहीं हैं तब क्या होता है? इस तरह के मैं "कुछ नहीं हूँ" पर विश्वास करके शांत, सुरक्षित, निश्चित रहना असंभव है। यह मान लेना कि हमें शामिल नहीं किया गया है, का अर्थ है कि हम मान लेते हैं कि हम चक्र से बाहर हैं, महिमा और लक्ष्य से बाहर हैं, *जीवन* से बाहर हैं – जो जीवन अस्तित्व के रूप में और जो जीवन *उत्साह* से भरपूर संजीवता, जुनून और खुशी के रुप में है। हम ऐसी बातों पर विश्वास करके स्थिर कैसे रह सकते हैं? यह विश्वास करना कि हम शामिल नहीं हैं, हमारे अस्तित्व के मूल पर भय का प्रहार करता है। यह हमारे भीतर सबसे गहरी असुरक्षितता और चिंता जगाता है। यह हमें न्यू ऑरलियन्स में खोये हुए बच्चे में बदल देता है।

जब आपको भूख लगती है तो आप फ्रिज में जाते हैं और कुछ खाने के लिये लेते है। जब आप बीमार होते हैं तो आप डॉक्टर के पास जाते हैं। जब आपकी आत्मा घायल और असुरक्षित, चिंता और भय से त्रस्त हो जाती है तो आप क्या करते हैं? आप इसे ठीक करने का प्रयास करते हैं। आप दर्द महसूस करें या न करें, आपकी आत्मा समाधान खोजने में व्यस्त हो जाती है। तो आप एक ट्रॉली कार ढूंढते हैं और उसमें चढ जाते है, बस यही उम्मीद करते हैं कि आपको कुछ नजर आये या कोई ऐसा व्यक्ति मिले जो आपको आश्वासन दे सके। आप समस्या को ठीक करने अपने पति या पत्नी या दोस्तों के पास जाते हैं। आप एक आदर्श जिंदगी खडी करते हैं, बनाते हैं और इसे जीने के लिये निकल पड़ते हैं। या आप महान आदर्शों का एक नियम स्थापित करते हैं जिसके द्वारा आप अपनी आत्मा

---

64 "रौक्स" सॉस में इस्तेमाल होने वाले मक्खन और आटे से बने गाढ़ा करने वाले तत्व के रुप में एक फ्रांसीसी खाना पकाने का शब्द है। काजुन और क्रेओल व्यंजनों में, "रॉक्स" का विचार मक्खन और आटा, प्याज और लहसुन, अजवाइन और बेल मिर्च के साथ किसी भी मात्रा में तेल और वसा के सम्मिश्रण को शामिल करने के लिए विकसित हुआ है, जो पूरे व्यंजन में एक उत्तम स्वाद लाता है। "काजुन देश में प्याज, अजवाइन, बेल मिर्च और लहसुन के साथ हल्के भूरे रंग के रॉक्स की तुलना में ज्यादा सुगंधित नहीं है" (जॉन डी। फोल्स, द इवोल्यूशन ऑफ काजुन और क्रेओल व्यंजन, डोनाल्डसन, लुइसियाना, 1990, पेज 16) मैं "रौक्स" का उपयोग इसके विकसित काजुन अर्थ में कर रहा हूँ, जो मूल स्वाद के रूप में हर चीज में शामिल है।

को साबित करना चाहते हैं कि आप सही हैं, और आपके भीतर से आनेवाली आवाज के खिलाफ खुद को सही ठहराते हैं। या आप अपना समय इस बात से इंकार करने में लगाते हैं कि कोई समस्या है ही नहीं। देख रहे हैं क्या हो रहा है।

झूठ, और उसमें हमारा विश्वास, एक घातक घोल को हमारे अस्तित्व में मिलाता है, और हम, अपनी पत्नियों या पतियों या बच्चों के साथ अपने संबंधों में, कार्यस्थल या गोल्फ कोर्स या मॉल या चर्च में, एक चिंता और भय और असुरक्षितता से घायल आत्मा के साथ, अपने आपमें और अपने दर्द से भरे, समाधान के लिए बेताब हर दिन जीते हैं – व्याकुलता के साथ कुछ ऐसा या किसी ऐसे व्यक्ति की खोज में रहते हैं जो आश्वासन दे सके। सबसे अजीब बात यह है कि ज्यादातर लोगों को पता भी नहीं होता कि हम दर्द से गुजर रहे हैं, तो यह जानना कि हम अपनी जरूरत में व्हॅक्युम क्लिनिंग मशीन बन गए हैं।

फुसफुसाहट, और उसमें हमारा विश्वास उस विचित्र पेड की जडे है जहाँ से, लालसा, लालच, ईर्ष्या, चुगली, बदनामी, क्रोध, निराशा आती .है। क्या आप जानते हैं कि यह कैसे काम करता है? यह विश्वास करना कि हम कुछ "नहीं" हैं, घातक घोल को हमारे अस्तित्व में मिलाता है, और यह भय, असुरक्षितता और चिंता हमें किसी ऐसी चीज़ पर विश्वास करने के लिए प्रेरित करती है जो हमारे दर्द के साथ समझौता करेगा। और दुष्ट समाधान के रुप में अपने सुझावों के साथ मौजूद रहता है। जो कुछ भी हम तय करते हैं वह हमें कुछ ऐसा बनने में मदद करेगा जिसके लिये हम लालसा की शुरवात करते हैं। नृत्य के लिए हमारा जुनून इस कथित उद्धारकर्ता के लिए एक अतृप्त लालची इच्छा में बदल गया है। और जब हम अपने उद्धारकर्ता तक नहीं पहुँच पाते, या जब कोई और हमसे पहले या जब हम आखिर में पहुँचते हैं, और जब वास्तव में हमारे दर्द का निपटारा नहीं होता तब क्या होता है? जब हमारे महान आदर्श या तो व्यक्तिगत अनुभव के परिणामस्वरूप या किसी और व्यक्ति द्वारा झूठे साबित होते हैं तब क्या होता है? इससे पहले कि हम जानें कि क्या हो रहा है, हमने 10 या 15 या 20 साल एक से दूसरी चीज़ों पर, एक से दूसरे मुक्तिदाता के पास जाने में, या यह दिखावा करने में बिताए हैं कि हमारे विशेष आदर्श वास्तव में सत्य है, और प्रतिशोध के

साथ इसकी रक्षा करते आये हैं। यह सब त्रिएक परमेंश्वर के साथ एकता में हमारी सच्चाई और हमारे वर्तमान के बीच एक निरंतर बढ़ता हुआ अंतर्विरोध पैदा करता है। इस तरह की असंगति हमारे भीतर नरक की पीड़ा, दुख और खालीपन को उत्पन्न करती है, क्योंकि यह यूनानी फिलॉसोफर प्लेटो के किसी सिद्धांत का नहीं, बल्कि हमारे अपने अस्तित्व का उल्लंघन है।

विश्वास और नृत्य का घोल

यीशु मसीह में सत्य की खोज करने, उसे मानव जाति के प्रभु और उद्धारकर्ता के रूप में जानने, उसे पिता के दाहिने ओर बैठा देखने के लिए और स्वयं को उसमें स्वीकार किए जाने के लिए, सर्वशक्तिमान पिता परमेंश्वर द्वारा गले लगाने, जीवन के चक्र में शामिल किया जाना देखने के लिये, हमारी मानसिकता का भीतर से बदलना और मूल रूप से सत्य के साथ मेंल करना जरुरी होगा। नया नियम इस तरह के महत्वपूर्ण परिवर्तन को, हमारे मनों के ऐसे नवीनीकरण को, "पश्चाताप" (*मेंटानोइया*) कहता है। जो उलझनों को सुलझते हुये देखने, समझने और सोचने का एक गहरा परिवर्तन है। हमारी सोच का ऐसा परिवर्तन हम पर क्या असर डालता है? जब हम यीशु मसीह को उसकी वास्तविक महिमा में देखते हैं और खुद को बाहर नहीं, बल्कि भीतर देखते हैं; अलग किये गये नहीं, बल्कि गर्मजोशी और उदारता के साथ गले लगाये गये देखते हैं, पिता की दाहिनी ओर यीशु के साथ बैठे देखते हैं — और इसे सत्य मानते हैं, तब घातक घोल का क्या होता है? हमारी आत्मा में जो व्याकुलता और असुरक्षितता और भय फैलाया जाता है उसका क्या होता है? और उन महान आदर्शों और विचित्र रीति-रिवाजों का क्या होता है जो हमारे अंधेपन और घातक घोल से उत्पन्न होता है?

यीशु मसीह के बारे में सच्चाई और य़ीशु में हमारी सच्चाई की खोज करने के लिए - और इसे सत्य के रूप में विश्वास करने के लिए - हमारी आत्माओं में डर और चिंता का नहीं, बल्कि आशा, शांति और आश्वासन का एक अलग घोल उभारना होगा। जो महान नृत्य का घोल है। हम, अपनी पत्नियों या पतियों या बच्चों के साथ अपने संबंधों में, कार्यस्थल या गोल्फ कोर्स, मॉल या चर्च में आशा

से भरी आत्माओं के साथ, आश्वासन और सुरक्षा और आत्मविश्वास के साथ और मानवी सफाई मशीन के रुप में नहीं पर बहते हुए फव्वारे के रूप में, जीवित जल की नदियों के रूप में दिन बिताते हैं, जैसा कि यीशु ने इसका वर्णन किया, [65] जो लेने की बजाय देता है, दबाव के बजाय प्रसन्न करता है। और ऐसी ताजगी भरे मिश्रण के बीच क्या होता है? जब हम अपने स्वार्थिपन से आजाद होते हैं, दूसरों पर गौर करने आजाद होते हैं और वास्तव में इमानदारी से उनकी परवाह करते हैं, सुनने के लिए स्वतंत्र होते हैं और अपने स्वयं के कार्यों, अपने महान आदर्शों को उन पर नहीं थोपते तब क्या होता है? जब हम छिपने की जरुरत से आजाद हो जाते हैं, और जानने और पहचानने की आजादी होती है तब क्या होता है? जब वह अजीब पेड़ बदलने लगता है और – लालसा, लालच और ईर्ष्या नहीं, बल्कि प्रेम, खुशी, शांति, धिरज, दया और भलाई का एक अलग फल देने लगता है तब क्या होता है?

यह स्पष्ट है कि क्यों नया नियम हमेंशा विश्वास और पश्चाताप के बारे में बात करता है। और यह कि यीशु मसीह ने जो पूरा किया, कि उसने मानव जाति के लिए और उनके साथ और उनका क्या किया, कि उसने हमें त्रिएक जीवन से जोड़ दिया, और अब सब कुछ *हमारे* विश्वास पर टिका है। इस झूठ पर विश्वास करना कि हम परमेंश्वर से अलग हैं, और यह कि हम कुछ “नहीं” हैं का अर्थ है, घातक घोल और उसकी बीमारी के साथ रहना और स्वार्थिपन, छल, छिपने और अकेलेपन में जीना। झूठ पर विश्वास करना यह जानते हुये भी इस *दरार* में जीना है कि हमारा एक घर है, पर जिसे कभी नहीं पाते; यह ट्रॉली कार में रहने जैसा है। पर यीशु मसीह में विश्वास करने के लिये, उसे जैसा है वैसा देखने और खुद को उसमें शामिल देखने के लिये, हमें हमारी मानसिकता को बदलना होगा। जिसका अर्थ है उस दरार का चंगा होना, और इस चंगाई के साथ-साथ, समाधान, शांति, आशा और आश्वासन का अनुभव करना।

कुछ साल पहले मैं लोगों के एक समूह के साथ दोपहर का भोजन कर रहा था तब किसी ने ‘जिन और तीन इच्छाओं ’ के बारे में गौर करने वाला

65 यूहन्ना 7:38 देखें

चुटकुला सुनाया। जितना कि मुझे याद है, चुटकुला वास्तव में इतना मजेदार था, कि ठहाके इतने जोरों से निकल रहे थे कि रेस्तरां में बाकी सभी लोग मुड़कर हमारी मेंज की ओर देखने लगे। जैसे ही सबकुछ शांत हुआ, किसी ने चुटकुले को गंभीरता में बदल दिया। और कहा कि, "यदि "हमारी तीन इच्छाएँ *हों*" तो क्या होगा? उस प्रश्न ने इस बारे में एक लंबी चर्चा शुरू की कि वास्तव में हमारे लिए क्या मायने रखता है, जिसके बीच में किसी ने तीन इच्छाओं को बदलकर एक कर दिया। कैसा रहेगा "यदि हमारी सिर्फ *एक* ही इच्छा हो, तो वह कौनसी होगी?" मैं उस रात हमारे उन सवालों और जवाबों के बारे में सोचता हुआ सोने चला गया जिनकी हमने चर्चा की थी, जो मजेदार और गंभीर दोनो थे। जिसने मुझे परतों को दोबारा हटाने और चीजों की तह तक जाने में मदद की। अगली सुबह तक मैं एक निष्कर्ष पर पहुँच गया था। मेंरी इच्छा पैसे या अवसर, या यहाँ तक कि स्वास्थ्य या प्रेम की भी नहीं थी चाहे वे कितने ही महत्वपूर्ण क्यों ना हों। यदि मेंरी एक ही इच्छा होगी, तो वह आश्वासन के लिए होगी। आश्वासन ही क्यों? क्योंकि आश्वासन पिता, पुत्र और आत्मा द्वारा सांझा की गई संगति के चक्र में हमारे शामिल किये जाने और हमारे जीवन में इसके प्रदर्शन के बीच की एक महत्वपूर्ण कड़ी है। हम सब कुछ पा सकते हैं; हमारे बैंक में लाखों रुपये हो सकते हैं और पूर्ण तंदुरुस्त हो सकते हैं; हमें गहरा प्रेम मिल सकता है और महान मित्रों से घिरे हो सकते हैं, और फिर भी अंदर से इतने बंधे हुए, भयभीत, असुरक्षित हो सकते हैं, कि हम उनमें से किसी का भी आनंद न ले पायें। यीशु ने पुछा "मनुष्य को क्या लाभ होगा यदि वह सारे जगत को प्राप्त कर ले, परन्तु अपनी आत्मा को खो दे?"[66] यही प्रश्न परिवारों और राष्ट्रों पर भी लागू होता है।

पौलुस के प्रसिद्ध तीन शब्द- विश्वास, आशा और प्रेम[67]- जो भावना से भरे रुढिवाद धर्म से बहुत हटकर, वास्तव में महान नृत्य के मार्ग का खुलासा करता है। क्योंकि यीशु मसीह में विश्वास हमारे दु:खी और चिन्तित मनों में आशा उत्पन्न करता है। और बाइबिल में “आशा” का अर्थ कभी भी एक सपना नहीं होता, जैसा कि एक युवा लड़का सपने देखता है या बड़े होने पर एक बड़ा

66 मत्ती 16:26 देखें

67 । कुरिन्थियों 13 देखें

नामचिन बनने की उम्मीद करता है। आशा का अर्थ है आश्वासन, इस बात का एक गहरा और पक्का विश्वास कि सबकुछ ठीक हो जाएगा। ऐसी आशा और आश्वासन जो हमारी चिंता और असुरक्षितता को कमजोर करते हैं और तुरंत ही वास्तविक बदलावों को अस्तित्व में लाते हैं। जब मैंने अपने पिताजी को न्यू ऑरलियन्स की सड़कों पर मेंरा नाम जोरों से पुकारते हुए सुना तो मेंरे दिल में जो राहत मिली, जो इसका सटीक उदाहरण है। यह एक तस्वीर है कि यीशु मसीह में हमारा विश्वास हमारे भीतर क्या उत्पन्न करता है। यीशु मसीह में विश्वास करने का अर्थ है पिता को स्वयं हमारा नाम पुकारते हुये सुनना, और उसे सुनने की राहत और जीवन का अनुभव करना है।

यीशु मसीह में विश्वास करने से हमारे अंतरतम अस्तित्व में आश्वासन उत्पन्न होता है, और आश्वासन हमें बदल देता है। सबसे पहले, आश्वासन हमारे दृष्टिकोण को बदलता है। चिंता सबसे खूबसूरत दिनों को धुंदला और उदासी से भर देती है; आश्वासन हमें उसी की महिमा देखने की नजर देता है, क्योंकि सुंदरता को देखने के लिए आश्वासन हमारे भीतर काफी देर तक शांति बनाये रखता है। दूसरे स्तर पर, आश्वासन हमारी असुरक्षितता के खिलाफ युद्ध करता है, और ऐसा करने से हमें कुछ "बनने" के दबाव से छुटकारा देता है। बदले में यह राहत हमारे भ्रम के गढो के आकर्षण और अधिकार को चुरा लेती है और उन्हें दूर करने और उन गढो के प्रति मरने के लिए हमारे भीतर एक नई स्वतंत्रता स्थापित करती है। एक और स्तर पर, आश्वासन हमारे अपनी मानसिक व्यस्तता के खिलाफ काम करता है, क्योंकि स्वार्थिपन भय से उत्पन्न होता है। इन सभी मोर्चों पर कार्य करते हुए, आश्वासन एक द्वार के रूप में कार्य करता है जो पिता, पुत्र और आत्मा की देखभाल और प्रेम और संगति के लिए हमारे हृदय से दूसरों तक जाने का मार्ग खोलता है। जैसे झूठ में विश्वास से भय उत्पन्न होता है, और भय हमें स्वार्थि बनाता है, और स्वार्थीपन नृत्य को भस्म कर देता है, इसलिए यीशु मसीह में विश्वास आशा पैदा करता है, और आशा हमें दूसरों पर गौर करने, उनकी देखभाल करने और खुद को उनके लाभ के लिये प्रेम करने के लिये खुद से आजाद करता है। इस तरह के गौर करने और देखभाल और प्रेम में, संगति

उत्पन्न होती है, और संगति में महान नृत्य हमेंशा बढ़ते क्रम में महसूस होता है।

एक दृष्टिकोण से, आश्वासन पिता, पुत्र और आत्मा के जीवन की वह कुंजी है जो हमारे जीवन और संबंधों में पूरे हाव-भाव की तह तक पहुँचता है। क्योंकि आश्वासन हमें अपने प्रति समर्पण और बलिदान के प्रेम से खुद से बाहर निकलने की अनुमति देता है। हम त्रिएक परमेंश्वर की संगति और जीवन में शामिल हैं, और उस संगति और जीवन में हमारी भागीदारी, हमारी आत्मा में आश्वासन के रूप में खिलती है। केवल आश्वासन ही हमें गौर करने, सुनने और ध्यान देने, जानने और पहचानने की स्वतंत्रता देता है। उस आश्वासन तले यीशु मसीह में विश्वास है। आश्वासन कोई ऐसी चीज नहीं है जिसका हम निर्माण कर सकते हैं। यह मसीह में विश्वास का फल है। केवल जब हम स्वयं को उसमें और पिता के साथ उसके संबंध में लिपटे हुए मानते हैं, तभी वास्तविक आश्वासन, अपनी सारी स्वतंत्र सामर्थ के साथ, हम में जड़ें जमा लेता है। पर आश्वासन जितना विकट है, यह मुख्य बात नहीं है। ना ही विश्वास है। वे एक उच्च कारण के सेवक हैं। वे पुरस्कार नहीं, बल्कि इसके साधन हैं। पुरस्कार का अर्थ है महान नृत्य को उसकी संपूर्णता और महिमा में एक साथ अनुभव करना। ऐसा तब होता है जब हम अपने महान आदर्शों के लिए स्वंय मर जाते हैं और प्रेम में दूसरों के लिए खुद को सौंप देने स्वतंत्रता में आगे बढ़ते हैं। समर्पित प्रेम पिता, पुत्र और आत्मा द्वारा सांझा किए गए जीवन के महान नृत्य, और निश्चित रूप से हमारे जीवन और रिश्तों में इसके प्रदर्शन के केंद्र में है।

परमेंश्वर की जोखिम और आत्मा का जुनून

जीवन के चक्र में "हमें" एक "वास्तविक स्थान" देने में त्रिएक परमेंश्वर जो जोखिम उठाता है, वह एक संभावना है कि हम अपनी अन्धकारमय समझ में जीना जारी रखें। यह जोखिम उठाने की संभावना है कि हम अपने भ्रम में, अपने महान आदर्शों और विचित्र रिवाजों को अपनाने की स्वतंत्रता जारी रखें - यहाँ तक कि धार्मिक परंपरा भी - और इस कारण खुद को विरोधाभास, आंसू और उसकी अकल्पनीय उदासी और दुख में, अनिश्चित काल के लिए झोंक दें। [68]

68 सी.एस. लुईस की द ग्रेट डिवोर्स (न्यूयॉर्क, कोलियर बुक्स: मैकमिलन पब्लिशिंग कंपनी, 1946) देखें।

खोये हुए की परिभाषा यह नहीं है कि हम त्रिएक के हैं या नहीं, क्योंकि यह यीशु मसीह में एक ही बार और हमेंशा के लिये पूरा किया गया है। यदि आपका परिवार ही ना हो तो आप खो नहीं सकते। हम पिता, पुत्र और आत्मा के हैं। इसलिए, खोये जाने का मतलब घेरे से अलग या बहिष्कृत किया जाना नहीं है, क्योंकि अब यह असंभव है। स्वर्ग में या पृथ्वी पर ऐसी कोई सामर्थ नहीं है जो यीशु मसीह में गढ़ी गई एकता को खारिज कर सकती है। जब तक *देहधारी* पुत्र पिता के दाहिने ओर बैठा है, हम शामिल रहेंगे। क्योंकि वह केवल मनुष्य नहीं है। यीशु वह *व्यक्ति* है, जिसमें पूरी मानव जाति बंधी हुई है। इस प्रकार खोये जाने को स्थानिय शब्दों में परमेंश्वर से अलग होने के रूप में परिभाषित नहीं किया जाता है, पर रिश्ते के संदर्भ में, कि *हम जानते* हैं या नहीं कि हम एकता में हैं, और इस ज्ञान की कमी का हम पर क्या असर होता है। खो जाना पिता, पुत्र और आत्मा के साथ हमारी पहचान को लेकर उलझ जाना है, इतना उलझना कि हम खुद को एक नया आविष्कार और "विश्वास" करने और महान आदर्शों का पीछा करने के लिए स्वतंत्र रूप से सौंप देते हैं, और इस कारण पिता, पुत्र और आत्मा और एक दूसरे के साथ एकता में हमारे अस्तित्व के अंतर्विरोध को सहते हैं। त्रिएक परमेंश्वर जो जोखिम उठाता है वह यह संभावना है कि हमारे वास्तविक अंतर में हम हमेंशा के लिए इस तरह का उल्लंघन बनाये रखने का चुनाव करें।

1600 साल पहले, सेंट अथानासियस ने दैवीय दुविधा के बारे में लिखा था कि जब आदम ने पाप किया और परमेंश्वर की रचना अस्तित्व से समाप्त होने लगी थी। [69] ऐसी स्थिति में, यह सवाल था कि, "तब परमेंश्वर को क्या करना चाहिये था जब उसकी रचना पूरी तरह बर्बाद होने की राह पर थी?" अथानासियस के लिए, एकमात्र संभावित उत्तर था छुड़ाया जाना। क्योंकि परमेंश्वर को अपनी सृष्टि से प्रेम था। इसलिए, उसने अपने पुत्र को सृष्टि पर अधिकार लेने और उसे वापस जीवन के चक्र में लाने के लिए भेजा। वह दुविधा परमेंश्वर के देहधारी पुत्र की मृत्यु, पुनरुत्थान और स्वर्गारोहण में हल हो गई थी। क्योंकि उसने मानव जाति पर अधिकार कर लिया था, और उसके जीवन, मृत्यु, पुनरुत्थान और स्वर्गारोहण ने

69 अथानासियस की, "इनकार्नेशन ऑफ द वर्ड" 6 संत अथानासियस में: सिलेक्ट वर्क्स एंड लेटर्स, द निकने एन्ड पोस्ट निकीने फादर्स ऑफ द क्रिश्चियन चर्च का वाल्युम IV देखें, दूसरी श्रृंखला, फिलिप शैफ और हेनरी वेस द्वारा संपादित (ग्रैंड रैपिड्स: एर्डमैन्स पब्लिशिंग कंपनी, पुनर्मुद्रण 1987)

हमें अपने साथ कब्र में ले जाकर सभी अलगाव से शुद्ध कर दिया, और नए सिरे से आगे लाकर हमें त्रिएक के चक्र में ऊपर उठा लिया। पर ऐसा करते हुए एक नई दैवीय दुविधा उत्पन्न हो गई है। जीवन के चक्र में "हमें" एक "वास्तविक स्थान" देने के लिए, हमारे गलत विश्वास और ऐसी दरार और विरोधाभास और भ्रम की स्थिति में हमारे जीने की संभावना स्थापित हो गयी है। क्योंकि परमेंश्वर हमारी अंतर सीमा को पार करने और हमारे लिए हमारा निर्णय लेने, हमारे लिए विश्वास करने का जवाब देह नहीं है, क्योंकि यह हमारी बर्बादी होगी। इसका अर्थ हमारी अलग मानसिकता, चाहत और इच्छाओं का अंत होना, और इस प्रकार महान नृत्य के "हमारे" अनुभव का अंत होना होगा। तब परमेंश्वर क्या करेगा?

क्या यहाँ दोहरा जोखिम है? क्या पिता, पुत्र और आत्मा ने अपने असाधारण और उदार प्रेम में हमारी संभावना के लिए अपने स्वयं के आनंद को खतरे में डाल दिया है? क्या हम त्रिएक के साथ इतने एकजुट हो सकते हैं कि हमारी एकता का उल्लंघन करने से हममें अनकहा दर्द उत्पन्न हो सकता है, और हम इतनी एकता में न होते हुये भी हमारा दर्द परमेंश्वर के हृदय को छू जाए? यदि हम परमेंश्वर के लिए इस प्रकार बने हैं, जैसा कि ऑगस्टाइन ने कहा, कि हम तब तक बेचैन रहते हैं जब तक कि उसमें विश्राम नहीं पाते, [70] क्या परमेंश्वर ने यीशु मसीह में हमें ऐसा नहीं बनाया, कि वह भी तब तक बेचैन रहता है जब तक कि हम अपने घर का रास्ता नहीं खोज लेते?

यह तथ्य कि परमेंश्वर इस तरह के जोखिम उठाने के लिए तैयार है, वह हमें पिता, पुत्र और आत्मा का उस जीवन में विश्वास दर्शाता है जो उनके पास हमारे साथ बाँटने के लिए मौजूद है, और जिसमें हमारे वास्तविक स्थान की अंतिम पुकार और सामर्थ है। जो बाधा थी वह परमेंश्वर और हमारे पक्ष में ढेर हो गयी है। क्योंकि यह दो समान विकल्पों में से हमारे चुनाव की बात नहीं है। हम पिता, पुत्र और आत्मा के साथ हैं, दुष्ट के साथ नहीं। त्रिएक जीवन हमारा घर, हमारा परिवार, हमारा सब कुछ है। हम महान नृत्य के लिये जोड़े गये हैं और सृष्टी के साथ इसकी परिपूर्णता के लिए तरस रहे हैं। हमें दुष्ट या अंधकार की कोई

70 "तूने हमें अपने लिए बनाया है और हमारे हृदय तब तक बेचैन हैं जब तक वे तुझ में विश्राम नहीं पाते" (सेंट ऑगस्टीन का कन्फेशंस, एफ जे शीद द्वारा अनुवादित [लंदन: शीड एंड वार्ड, नौवां छाप, 1978], पुस्तक I.i)

लालसा नहीं है। जबकि हम निश्चित रूप से भ्रमित और जटिल समझ में कैद होते हैं, और जब हम इस तरह की गलत सोच और असंगति के आंसू सहन करते हैं, तब हमारा जुनून जीवन के लिए होता है, मृत्यु के लिये नहीं; महान नृत्य के लिये होता है किसी कष्ट के लिये नहीं।

यह गहरा ज्ञान काफी है कि हम उसकी महिमा के लिये रचे गये हैं, जो हमें समय और अनुभव के रास्ते पर ले जाने के योग्य है। यह जानकारी कि हम महिमा से संबंधित हैं का अर्थ है, कम से कम, हम दर्द को तुच्छ समझते हैं और उससे भागते हैं। पर जरुरी नहीं कि इसका अर्थ यह हो कि हम जीवन पाने दौड़ें। हम अपने महान आदर्शों में और अधिक गहराई से दौड़ सकते हैं या किसी नए आदर्श का आविष्कार कर सकते हैं। तो हमारे लेपालक की आत्मा न केवल हमारी अंतर सीमा के पार आकर हमसे बात करता है और वह हमारे साथ गवाही देता है कि हम परमेंश्वर की संतान हैं; पर वह हमारी गलत मानसिकता के विश्वास के प्रति हमें अहसास भी दिलाता है। वह हमें झूठे विश्वास से सही विश्वास में ले जाने का कार्य कर रहा है, जिसका अर्थ है कि वह हमें यीशु मसीह में विश्वास और उसमें हमारी सच्चाई की ओर ले जाने की अगुवाई करता है।

यही हमारे जीवन की वास्तविक कहानी है। हम परमेंश्वर के साथ एकता में तो हैं, पर अद्भुत रूप से अलग भी हैं, और परमेंश्वर से अलग होने के कारण हम अपनी पहचान को लेकर उलझे रहते हैं और समाधान की खोज में लगे रहते हैं। आत्मा कार्य कर रहा है जो हमें सत्य की ओर ले जा रहा है, पर कोई तात्कालिक स्पष्टीकरण नहीं है। हमारी भ्रमित मानसिकता यह है कि हमें सच्चाई जानने के लिए प्रेरित किया गया है। हमेंशा यह स्पष्ट नहीं होता कि सत्य क्या है और असत्य क्या है। इस्राएलियों के लिए जंगल कोई छुटकारे का मार्ग नहीं था। ऐसा भी समय था जब मिस्र की गुलामी जंगल की तुलना से अधिक सहने योग्य, और भी अधिक सुखद प्रतीत होती थी। पर अंत में झूठ का बंधन अधिक कष्टदायक होता है, छुटकारे की यात्रा से।

आत्मा एक प्रधान शिक्षक है। उसके पास सच्चाई है, और उतना ही महत्वपूर्ण, यह है कि वह जानता है कि उसे कब बोलना है। वह हमें यह गवाही

देने में विश्वासयोग्य रहता है कि हम पिता और पुत्र के हैं, और हमारी गलत मानसिकता को बताने में विश्वासयोग्य हैं। उसकी गवाही मूल्यांकन करती है कि हमारा विश्वास क्या है और हम क्या कर रहे हैं। यह वह सर्वोत्तम स्वाद चखना है, जो हमें बताता है कि कड़वा या मीठा क्या है। पर हमने अपने महान आदर्शों में निवेश किया है, विशेष रूप से अपने रुढिवादियों में, और उन्हें खोना नहीं चाहते। इसलिये आत्मा हमारे महान आदर्शों के दर्द और कड़वाहट को हमें उस हद तक ले जाने देता है जहाँ हमारे हृदय, मानसिकता और इच्छाएं ज्योति के लिए कराहती हैं। जैसा कि लुईस कहते हैं, "अनुभव एक क्रूर शिक्षक है, पर आप उससे सीखते हैं, निश्चित ही, आप सीखते हैं!" [71] आत्मा हमें सुनने के लिए कान और देखने के लिए आंखें देने के लिए ट्रॉली कार का इस्तेमाल करता है। जिसमें समय और अनुभव लगता है।

हमारे नजरिये से, जीवन मायावी पवित्र प्याला खोजने के बारे में है। जितना गहरा ज्ञान आत्मा में हमारे साथ सांझा किया गया वह हमें हमारे अस्तित्व के मूल में व्याकुल करता है और हमें उस जीवन को खोजने और अनुभव करने के लिए प्रेरित करता है जिसे हम जानते हैं कि वह हमारा है। हमारी लालसा, वास्तव में, हमारे सम्पूर्ण मानव अस्तित्व में महान नृत्य और इसके प्रदर्शन, हमारे झीलों की डिजाइन करने से लेकर और बागवानी और गोल्फ तक की गंदगी हटाने तक; विवाह और परिवार और मित्रता में एक दूसरे के साथ हमारे संबंधों से लेकर, पृथ्वी के राष्ट्रों के संबंध तक; दुनिया के हमारे छोटे से कोने से लेकर पूरी सृष्टि तक के प्रति है। यही हमारी पहचान है; हम सभी पिता, पुत्र और आत्मा द्वारा सांझा किए गए जीवन के चक्र में एक साथ बंधे हैं, और यह जीवन हम सभी में साकार होने का दबाव डाल रहा है। पर हम इतनी उलझन में हैं, कि हम यही नहीं जानते कि क्या खोज रहे हैं, और वहाँ तक पहुँचना तो दूर की बात है।

यह सच है, जैसा कि व्लादिमीर लॉस्की कहते हैं, "त्रिएक और नरक के बीच कोई दूसरा विकल्प नहीं है," [72] पर ठीक यही वह जगह है जहाँ हम महान नृत्य और उसके अंतिम विनाश के बीच कहीं तो हैं। हम ज्योति और अंधकार

71 सी.एस. लुईस, जैसा कि फिल्म द शैडोलैंड्स में दर्शाया किया गया है।

72 व्लादिमीर लॉस्की, द मिस्टिकल थियोलॉजी ऑफ द ईस्टर्न चर्च (न्यूयॉर्क: सेंट व्लादिमीर यूनिवर्सिटी प्रेस, 1998), पेज 66

के बीच, सही और गलत विश्वास के बीच, घातक घोल और नृत्य के घोल के बीच रहते हैं, जैसे हमारी आत्माएं जीवन में शोकाकुल होकर भटकती हैं, और समाधान की खोज में अपनी दुनिया के हर पत्ते पलटते रहती हैं।

पिता, पुत्र और आत्मा की श्रेष्ठता के नजरिये से, इतिहास - व्यक्तिगत और कॉर्पोरेट दोनों - हमारे प्रशिक्षण के बारे में है। यह हमारे समर्पित प्रेम का एक अंतहीन और धैर्यवान कार्य है, जो हमें हमारी सही मानसिकता में लाने के अपने दृढ़ संकल्प में हमारे दुखों को सहता है। क्योंकि हमारे अस्तित्व और दुनिया के पीछे पिता, पुत्र और आत्मा का मूल निर्णय है कि उनके पास जो है वे हमारे साथ क्या सांझा करें, और उस निर्णय के साथ अटल, अथक दृढ़ संकल्प है कि ऐसा ही होगा। अथाह अनुग्रह में हमें यीशु मसीह में और उसके द्वारा दिव्य परिवार में शामिल किया गया है। उस समावेश के क्षण से लेकर शेष इतिहास तक, सभी दिव्य संसाधन हमारे स्पष्टिकरण के लिए समर्पित हैं। हमारी समस्या जीवन की इच्छा की कमी नहीं है, बल्कि एक गहरी उलझन है कि इसे कैसे अनुभव किया जाए। "हमारे मन साफ हैं। यह हमारी मानसिकता और कदमों को पता नहीं होता कि किस रास्ते पर जाना है।"[73] हमें परमेंश्वर के बारे में, पिता, पुत्र और आत्मा के बारे में, और यीशु मसीह में हमारी पहचान के बारे में ठगा गया है। इतना ठगा गया कि जीवन की खोज, वास्तविक संबंधों के लिए, समुदाय के लिए और परिपूर्णता और आनंद के लिए हम यीशु मसीह को कम आंकते हैं। इस तरह की उलझन के खिलाफ – और इसके साथ और इसके द्वारा और इस गड़बड़ी के खिलाफ -आत्मा हमें सिखा रहा है, हमारे साथ कष्ट सहता है जैसे वह धैर्यपूर्वक और सावधानी से हमें सत्य की ओर ले जाता है जैसे *वास्तविक* यीशु में है।

हमें त्यागा नहीं गया है। परमेंश्वर हमारे साथ हैं और जीवन के चक्र में हमें भागीदारी बना रहा है और हमें जागृत करने के लिए हमारे अंधकार के दर्द को सह रहा है। यह हमारे इतिहास के वे पल हैं जब हम मसीह में अपनी वास्तविक पहचान और हम जो जीवन जी रहे हैं, उसके बीच दरार महसूस करते हैं; उन पलों में जब हमारे महान आदर्श, धार्मिक और सांस्कृतिक दोनों ने हम पर अपने

73 रोनाल्ड रॉल्हेइज़र, द होली लॉन्गिंग (न्यूयॉर्क: डबलडे, 1999), पेज 40

नियम थोपे और हमें चिंतित, दुखी और उदासी में छोड़ दिया, और हम जवाब पाने के लिए अधिक सतर्कता और सावधानी से सुनने के लिये कराह रहे थे। और यही वह पल हैं जब त्रिएक परमेंश्वर का आश्चर्यजनक मानव-प्रेम दोबारा प्रकट होता है, और हम एक बार फिर यीशु के प्रश्न का सामना करते हैं: "तुम क्या खोज रहे हो?" [74]

> “अब परमेंश्वर जो आशा का दाता है तुम्हें विश्वास करने में सब प्रकार के आनन्द और शान्ति से परिपूर्ण करे, कि पवित्र आत्मा की सामर्थ्य से तुम्हारी आशा बढ़ती जाए।”
>
> *(रोमियो 15:13)*

74 यूहन्ना 1:38 देखें

डॉ. सी. बॅक्सटर क्रुगर

द्वारा लिखीत अन्य किताबें

सारे जगत में
यीशु हमारे अंधकार के भीतर

यीशु के बारे में आरंभिक कलीसिया के दृष्टीकोण से प्रेरणा लेते हुए, अपने लेख "सारे जगत में" बॅक्सटर क्रुगर हमें इस आश्चर्यजनक तथ्य के सम्मुख लाते हैं कि यीशु ने हमारे साथ एक वास्तविक और व्यक्तिगत संबंध स्थापित किया है, हमारे अंधकार में। हम जैसे हैं उसी स्थिती में वह हमारे साथ और हमारे अंदर उपस्थित है। यीशु उपस्थित है, अनुपस्थित नहीं; हम जैसे हैं उसी स्थिती में वह हमारे साथ और हमारे अंदर मौजूद है, न की हमारी उस स्थिती में जो हम इतवार सुबह में होने का दिखावा करते हैं, हमारे उन्ही स्थानों पर जहाँ हमें खुद पर शर्म आती है और हमारे राक्षस छिपने के लिए शरण लेते है। क्योंकि यीशु ने हमारे बिना पिता का पुत्र और अभिषिक्त होने से इनकार किया और हमें उसने पीछे छोडने से इंकार किया जो हम टूटे हुए, हठीले, छिपे हुए, अंधे हैं । हम एक जोशीली तथा मुक्ति दायक सवारी के लिए बिठाए गए हैं, और यीशु हमें तब तक जाने नहीं देगा जब तक हम वह नहीं देख ले जो यीशु देखता है, वह जान ले जो यीशु जानता है, महसूस करे जो वह महसूस करता है और उसकी स्वतंत्रता में जीए।

"सारे जगत में" एक शानदार किताब है जिसकी मैं अनुशंसा करूंगा............

प्रोफेसर एलन जे टॉरेंस
सेंट ऐंड्रयुज, स्कॉटलैंड

यीशु और आदम की पुनःस्थापना

"यीशु और आदम की पुनःस्थापना" में डॉ. सी बॅक्सटर क्रुगर उस चीज को लक्ष्य बनाते है जिसे वह पश्चिमी कलिसिया का अंधापन मानते है। यदि आपको इस विचार से असहजता महसूस होती है की हमें अपनाने के लिए हमारे पिता को प्रसन्न करना होगा, तथा क्रुस पर की यीशु की पीडा उसके पिता की और से थी तो यह किताब आपके लिए है। पिता, पुत्र और आत्मा, यीशु की मृत्यु में संपूर्ण एकता में हम तक पहुँचते है, हमारे महान अंधकार में।

"धर्मशास्त्र हमारे साथ ईश्वर के आश्चर्य और गहराई की खोज के लिए बनाया गया एक वाहन है। अफसोस की बात यह है की इस वाहन को चलाने वाले बहुतेरे लोग अपने साधारण छोटी कार से उन्हीं सुरक्षित रास्तो पर चलने की प्रवृत्ती रखते है, जिससे वे परिचित है। शुक्र है समय समय पर कुछ साहसी आ जाते है, जो मुख्य मार्ग को छोडने का विकल्प चुनते है ताकि हमें गौरवशाली त्रिएक ईश्वर के गहरे विशाल रहस्यों से परिचित करा पाए। बॅक्सटर क्रुगर एक ऐसे ही साहसी है और यीशु और आदम की पुनःस्थापना" उनका नवीनतम शक्तिशाली इंजिनियरींग वाहन है। मुझे इस यात्रा से बहुत लाभ हुआ।"

ग्लेन सोडरहोम
पादरी, गायक/ गीतकार, टोरंटो, कनाडा

ईश्वर हमारे लिए है

बॅक्सटर की लघु, पर अंतरराष्ट्रीय स्तर पर प्रशंसित किताब "नृत्य करते परमेंश्वर" की अगली कडी "ईश्वर हमारे लिए है" हमें सुसमाचार के हृदय तक ले चलती है। यह किताब पांच उत्कृष्ट व्याख्यानों की रचना है, जो स्पष्ट और सुलभ फिर भी चुनौतीपूर्ण है। डॉ. क्रुगर पश्चिम संस्कृती से आने वाले वह बेटे हैं जो उस विचारधारा को लताडते हैं जिसे काफी लोग भी मानते हैं कि यह सच्चाई नहीं । आरंभिक अध्याय "द इटरनल गॉस्पेल ऑफ द फादर" बॅक्सटर का सबसे पसंदीदा है।

"ईश्वर हमारे लिए है" यह एक उल्लेखनीय तथा परिवर्तनकारी खोज होगी जो ईश्वर के लिए कुछ करने के धर्मशास्त्र के दबाव से थक गए है। मैं चाहता हूँ कि अत्याधिक बोझिल पादरीयों ने कोई भी और धर्मोपदेश देने से पूर्व इस पुस्तक को पढे और उदासीन ईसाई कलीसिया जाने के पूर्व इसकी खुशबू ले।

रे एस एंडरसन, पी.एच.डी.
धर्मशास्त्र तथा सेवकाई के पूर्व अध्यापक,
फुलर थियोलॉजिकल सेमिनरी

"जब मैंने पहली बार 'ईश्वर हमारे लिए है', को हाथ में लिया मैंने इसे एक बार में एक घंटे में पढ़ लिया। मैं स्वयं को उस त्रिएक ईश्वर की अच्छाई से दूर नहीं कर सका जिसे बॅक्सटर क्रुगर इस लघु किताब में बताते हैं। लेकिन मुझे वापस जाकर इसे फिरसे ध्यानपूर्वक पढ़ना पड़ा ताकि गहरी सच्चाइयों को मेंरे जीवन में प्रवेश करने की अनुमति दूँ। यहाँ उस गहन सत्य का स्पष्ट रूप से प्रस्तुतीकरण है – हमें हमेंशा ईश्वर के साथ रहने के लिए बनाया गया है।"

ग्राहम बक्सटन
वरिष्ठ व्याख्याता एवं सेवकाई प्रमुख
टॅबोर कॉलेज, दक्षिण ऑस्ट्रेलिया

द शॅक' पर समीक्षा

लाखों लोगों ने अपनी अध्यात्मिक भूक को विलियम पी. यंग की *#1 न्युयॉर्क टाइम्स* बहुचर्चित किताब *'द शॅक'* द्वारा संतुष्ट होते हुए पाया – एक ऐसे आदमी की कहानी जो परमेंश्वर पिता, परमेंश्वर पुत्र तथा पवित्र आत्मा से सामना होने द्वारा गहरी निराशा से उपर उठाया जाता है। अब सी. बॅक्सटर क्रुगर की *'द शॅक' पर समीक्षा*, पाठकों को इन तीन व्यक्तियों की गहराई की समझ में ले चलती है, ताकि पाठकों को *'द शॅक'* के मूल संदेश से अधिक स्पष्टता से पहचान हो – जो है परमेंश्वर प्रेम है।

" बॅक्सटर क्रुगर अपनी अद्वितीय बौद्धिक चमक तथा रचनात्मक प्रतिभा से पाठकों को स्तब्ध कर देंगे जब वे उन्हें आश्चर्य, आराधना और संभावना की गहराई में ले जाते हैं – जो कि *'द शॅक'* की दुनिया है।"

डब्लू एम. पॉल यंग
'द शॅक' और ' इव्ह ' के लेखक

अधिक जानकारी के लिए

कृपया देखें: www.perichoresis.org

यहाँ पर आपको डॉ. क्रुगर से सम्बंधित किताबें, पॉडकास्ट, वीडियो, चित्र, निबंध और व्याख्यान सहित कई सारे शिक्षा संसाधन मुफ्त मिलेंगे। आप यहाँ किताबें और सामान (टी-शर्ट, हुडी, टोपी) भी खरीद सकेंगे और सालभर होनेवाले कार्यक्रमों की जानकारी पा सकेंगे।

कृपया हमारे मासिक न्यूज़लेटर और निःशुल्क यूट्यूब चैनल के लिए साइन अप करें, जिसका नाम है "Astonished Hearts, with C. Baxter Kruger & Friends"

यदि आप ऐसे किसी ऑनलाइन समुदाय से जुड़ना चाहते है जो परमेंश्वर के प्यार की गहरी समझ के लिए तत्पर है तथा डॉ. क्रुगर के साथ हर महीने लाइव चर्चा में भाग लेना चाहते हैं, तो आप पैट्रियन (Patreon) पर साइन अप कर सकते हैं।

इस चैनल का नाम है " Across All Worlds "

कृपया उस वेबसाइट पर जाने के लिए नीचे दिए कोड को स्कैन करें जहां आप उपरोक्त सभी संसाधनों तक पहुंच सकते हैं।

www.perichoresis.org

और कृपया हमें इस पर फ़ॉलो करें:

www.ingramcontent.com/pod-product-compliance
Lightning Source LLC
Chambersburg PA
CBHW021646120626
46545CB00002B/725
9781960761088